Frank Deppe · Volker Frenzel

SYLT

Inselgeschichten

Medien-Verlag Schubert

Inhaltsverzeichnis

FRANK DEPPE, Jahrgang 1965, wuchs auf der Insel Sylt auf und ist seit zwölf Jahren als hauptberuflicher Journalist tätig. Nach einem Volontariat beim „Flensburger Tageblatt" arbeitete er als Lokalredakteur in verschiedenen Orten Schleswig-Holsteins und war im Anschluß für den Axel-Springer-Verlag in Mecklenburg-Vorpommern tätig. Deppe veröffentlichte außerdem Beiträge in überregionalen Zeitungen und Zeitschriften, textete im Bereich Public Relations. 1992 kehrte er auf seine Heimatinsel zurück und arbeitet seitdem als Redakteur bei einer Sylter Wochenzeitung. Seit 1996 schreibt er außerdem regelmäßig für die Tageszeitung „Die Welt". Gemeinsam mit dem Fotografen Volker Frenzel gestaltete Frank Deppe als Autor die beiden Buchtitel „Sylt im Wandel" (1994) und „Sagenhaftes Sylt" (1996), ebenfalls im Medien-Verlag Schubert erschienen.

VOLKER FRENZEL, Jahrgang 1948, fotografiert seit über 30 Jahren. Frenzel besitzt heute ein Bildarchiv, das nahezu eine Viertelmillion Motive umfaßt. Er liefert Aufnahmen für diverse Zeitungen, Zeitschriften und Agenturen, so unter anderem für „BILD", „Focus" und dpa. Der digitale Bildversand mittels ISDN ermöglicht es ihm dabei, daß in eiligen Fällen lediglich eine Stunde zwischen der Bildaufnahme und der Ankunft beim Empfänger vergeht. Wann immer es seine hauptberufliche Tätigkeit als Polizeibeamter zuläßt, ist Frenzel mit der Kamera unterwegs, wobei das aktuelle Zeitgeschehen, der Küstenschutz und Luftaufnahmen die Schwerpunkte seiner Arbeit bilden. Dabei versteht sich der gebürtige Sylter nicht nur als Fotochronist, sondern läßt sich vom Wechselspiel des Lichts und der Naturgewalten Tag für Tag aufs Neue inspirieren.

ISBN 3-929229-51-X
Copyright © 1998 by Medien-Verlag Schubert, Hamburg
Alle Rechte, auch des auszugsweisen Nachdrucks und
der fotomechanischen Wiedergabe, vorbehalten.
Gestaltung: Andreas Baden
Druck: C. H. Wäser GmbH & Co KG
Printed in Germany

Vorwort

Liebe Leserin, lieber Leser,

vor Ihnen liegt das etwas andere Sylt-Buch. Ein Buch, das eine Vielzahl an verborgenen Inselgeschichten zutage fördert. Ein Buch, das Sie auf ebenso unterhaltsame wie informative Weise über die Insel geleitet und dabei auch demjenigen neue Perspektiven eröffnen wird, der Sylt bereits gut zu kennen glaubt.

Der Fundus, den die Recherchen erbrachten, umfaßte rund 200 Episoden, von denen eine Auslese Einzug in dieses Buch fand: Einhundert Geschichten rund um die Insel zeichnen ein vielfältiges Bild von ungewöhnlichen Ereignissen der Gegenwart und Vergangenhe. Sie geben erstaunliche Einblicke in das Leben der alten Sylter (siehe z.B. die Episoden „Kein Blick über den Tellerrand", „Todesstrafe für Ehebrecher", „Nicht jeder überlebte die Hochzeitsnacht"), zeigen Überraschendes von heutzutage auf („Ein gewichtiges Strandgut", „Meister der Miniaturen", „Ein eiskaltes Vergnügen"), laden zum Schmunzeln ein („Schelte für einen Star", „Kein Zutritt für den Herrn Minister", „Die Nackte im Bus") und verschweigen auch nicht die Schattenseiten der Sonneninsel („Die Stadt im Watt", „Atlantis" versinkt, „Wer kann sich das noch leisten?").

Getreu der Devise „ In der Kürze liegt die Würze" zeichnen sich alle Erzählungen durch ihren kurzweiligen Erzählcharakter und den überschaubaren Umfang aus. Zahlreiche Fotografien und Abbildungen ergänzen die Texte auf anschauliche Weise. Kurzum: eine Lektüre, so recht geeignet zum Entspannen auf dem Sofa oder im Strandkorb. Nun aber sollten Sie weiterblättern. Viel Spaß beim Schmökern wünscht Ihnen

Frank Deppe

Bräuche und Sitten

Zum Frühstück einen Krug Bier

Und Kaffee aus Rübensaft am Abend

Zum Einkaufen schnell in den Supermarkt. Abendessen im feinen Restaurant. Und daheim ein voller Kühlschrank. Die Gesellschaft zelebriert den Genuß im Überfluß. Im krassen Gegensatz dazu: das karge Leben früherer Zeiten. „Die Lebensweise der Sylter", notierte ein Geschichtsschreiber, „war im 15. und 16. Jahrhundert höchst einfach. Zum Frühstück genoß man Grütze und Eier. Mittags und abends gab es Fisch und Grütze oder auch Grünkohl." Nur an einem mangelte es den Syltern nicht: „Ein jeder hatte immer sein selbst gebrautes Bier vorräthig. Niemand kannte zum Frühstück andere Genüße als Grütze mit Bier." Bier am Morgen, Bier am Abend. „Oftmals war ein Stück vom Schweinskopf und ein Topf Warmbier die Abendmahlzeit. Es kommt zum Bier noch hinzu die fast unglaubliche Menge Branntwein." Ein Zeitgenosse klagte: „Möge der Himmel uns vor dem unmäßigen Gebrauch des Branntweins als auch des den Körper zu Grunde richtenden Kaffee- und Theepunsches bewahren!"

Der erste Kaffee war 1742 auf die Insel gelangt. Ein Freund aus Amsterdam hatte dem Tinnumer Bauernvogt ein Pfund zugeschickt. „Den etwas starken Gebrauch des Kaffees macht man den Einwohnern mit einigem Grund zum Vorwurf", registrierte ein Reisender im Jahr 1828. „Auch ich muß gestehen, daß dieses sowohl dem Geldbeutel als auch der Gesundheit nachtheilige Getränk leider zu oft getrunken wird. Viele, denen das Vermögen mangelt, behelfen sich jetzt mit einem dünnen braunen Getränke, das aus ein wenig Kaffee, gebranntem Getreide, Erbsen, Rüben oder dergleichem bereitet wird. Mit diesem Getränke, ein wenig Butterbrot, öfters blos mit trocknem Brot und ein wenig dünner Milch behilft sich manche Familie nicht allein des Morgens, sondern auch oft Mittags und des Abends." Eine solche Kaffeebrühe kommt den Syltern heute nicht mehr auf den Tisch. Dem Bier aber sind sie treu geblieben.

Vermummt durch die Nacht

Über Silvesterbräuche auf Sylt

Sollten am letzten Abend des Jahres plötzlich einige vermummte Gestalten vor Ihrer Haustür stehen, brauchen Sie nicht gleich das Schlimmste zu befürchten. Die unerwarteten Gäste wollen nicht Ihr Hab und Gut, sondern lediglich etwas vortragen: Maskenlaufen, auch Rummelpott genannt, ist in den Sylter Ostdörfern Keitum, Archsum und Morsum eine lebendige Tradition. Am Silvesterabend gehen kleine Gruppen maskiert von Haus zu Haus, um launige Verse vorzutragen, die sich vornehmlich mit den Geschehnissen im Dorf befassen. Dafür werden die kleinen Rummelpott-Läufer mit Süßigkeiten, die älteren mit einem Glas Schnaps belohnt.

Bis zur Mitte unseres Jahrhunderts hat sich der Brauch des Neujahrreitens erhalten. Reiter zogen gemeinsam durchs Dorf und bekamen von den Bürgern so manchen Satteltrunk gereicht. In früheren Zeiten, als die meisten der Sylter Männer zur See fuhren, muß die Erscheinung eines solchen Seemannes hoch zu Roß - zumal in angeheitertem Zustand - ein recht

kurioser Anblick gewesen sein. Der Volksmund prägte dafür den Ausspruch „En Seeman to Hingst es en Gruul fuar Gott" („Ein Seemann auf einem Hengst ist ein Greuel für den lieben Gott").

Auch das Pottsmiten, das Topfschmeißen, war in früheren Zeiten am Silvesterabend auf Sylt eine weit verbreitete Sitte. Dabei wurden die Türen und Fensterläden der Häuser mit allerlei zerbrechlichen Gegenständen beworfen, denn man wollte nichts Altes mit ins neue Jahr nehmen. „Vormals galt es für eine Ehre, wenn einem Pfannen, Töpfe und anderes mehr an die Türen geworfen wurden, und diejenigen, die es taten, wurden von den Hausbewohnern bewirtet", notierte ein Chronist anno 1865, fügte aber hinzu, daß sich der gute Brauch mit der Zeit zu einer üblen Schmähung gewandelt hatte: „Die alten Töpfe wirft man nun hauptsächlich an die Türen seiner Feinde, und statt der Bewirtung erhält man jetzt aber Schläge, wenn man sich nicht eilig auf die Beine macht."

Wat weet di Kat fan Pidersdai?

Immer auf den Punkt: Sylter Sprichwörter

Wenn sich zwei Einheimische auf Söl'ring unterhalten, steht der Urlauber ratlos daneben. Söl'ring, das ist kein Dialekt, sondern eine eigenständige Sylter Sprache: Im Laufe von Jahrhunderten vermengten sich friesische, dänische, englische und holländische Sprachelemente und trieben eine neue Blüte.

In der Sylter Sprache findet sich ein besonders reicher Schatz an Sprichwörtern. Einige von ihnen dokumentieren trefflich den trockenen friesischen Humor. Wenn man von einem sehr alten Mann sprach, sagte man:

Di Düüwel wel höm ek haa, en üüs Herigot heer höm auriiten

(Der Teufel will ihn nicht haben, und der Herrgott hat ihn vergessen).

Wenn eine Frau ein uneheliches Kind erwartete, umschrieb man das so:

Diar es en Skep üp Strön' kemen

(Es ist ein Schiff gestrandet)

Wenn jemand heimlich einen über den Durst trank, hieß es:

Hi kniipet di Kat ön Junkens

(Er kneift die Katze im Dunkeln)

Der Angesprochene konnte sich daraufhin so verteidigen:

Diar uur fuul snaket om dit Süpen, man o'ler om di Törst

(Es wird viel über das Saufen geredet, aber nie über den Durst).

Manche Sprichwörter, die allgemein bekannt sind, bekamen auf Sylt einen neuen Anstrich.

Sie hat die Weisheit nicht gerade mit Löffeln gegessen:

Jü es sa dum üs en Skruk

(Sie ist so dumm wie eine Auster).

Das schwächste Glied in der Kette sein:

Diar di Dik liigst es, gair di Flör jest aur

(Wo der Deich am niedrigsten ist, geht die Flut zuerst rüber).

Jemand hat keinen blassen Schimmer:

Wat weet di Kat fan Pidersdai?

(Was weiß die Katze vom Petritag?).

Wer hoch hinaus will, der kann tief fallen:

Hi trapet ap ön Piisel en fääl dial ön Buusem

(Er stieg hinauf in den Pesel und fiel hinunter in den Stall).

Nichts wird so heiß gegessen, wie es gekocht wird:

Di Kual uur ek lecht sa warem iiten, üs er ap desket uur

(Der Kohl wird nicht leicht so warm gegessen, wie er aufgefüllt wird).

Volksvergnügen unterm Galgen

Ringreiten gibt es seit 1861

Wenn auf Sylt heute ein Galgen errichtet wird, so schlägt nicht etwa einem Verbrecher das letzte Stündlein. Das einzige, was am sogenannten Galgen baumeln wird, ist ein kleiner Messingring. Diesen aus dem Galopp heraus mit einer Lanze aufzuspießen, ist die Aufgabe der Ringreiter. Der älteste Ringreiterverein auf der Insel ist das Sylter Ringreitercorps, das 1861 gegründet wurde – im übrigen die erste Vereinsgründung auf Sylt überhaupt. Sieben Vereine – fünf Männerclubs und zwei Amazonenriegen – pflegen heute diese Tradition, die an mittelalterliche Reiterspiele erinnert. Die sommerlichen Turniere werden denn auch stets von vielen Zaungästen bestaunt.

Ein erfolgreicher Ringreiter zu sein, das erfordert schon einige Übung: Der winzige Messingring, an einem Seil zwischen zwei Stangen baumelnd und mit bloßem Auge kaum zu erkennen, mißt im Durchmesser gerade mal einen Zentimeter, und so entscheidet meist die Tagesform, wer sich mit dem Titel des Ringreiterkönigs schmücken darf. Um die Trefferquote zu erhöhen, ist auch schon mal ein „Satteltrunk" gestattet. Doch bitte in Maßen, sonst fällt nicht der Ring, sondern der Reiter. Im vorigen Jahrhundert notierte ein Kamerad des Archsumer Ringreitervereins: „Der Wein fließt schon jetzt in Strömen, doch die echten Ringreiter nehmen sich in Acht und vermeiden einen vorzeitigen Rausch, indem sie die Becher in unbemerktem Augenblick elegant nach hinten entleeren." Bis zum heutigen Tage haben die Ringreiter mit solcherlei Tücken zu kämpfen. Eintragung im Protokoll des Morsumer Vereins 1973: „Der Umzug stockt – es gibt zuviel Punsch!" Kein Wunder, daß da bei den Turnieren selten trübe Stimmung aufkommt.

Doch es gab auch andere Zeiten. Etwa die Kriegsjahre, in denen das Naziregime die Ausübung dieser Tradition verbot. Und nach dem Krieg durften die Reiter bei ihren Turnieren zunächst weder Uniform noch Säbel tragen – die britische Besatzungsmacht verbot es. 1923 war ein weiteres Schicksalsjahr: Die Inflation galoppierte immer schneller – 10000 Reichsmark betrug der Jahresbeitrag. Wahlweise durfte auch in Naturalien gezahlt werden. Das kostete pro Mann ein Pfund Butter, passive Mitglieder hatten laut Satzung des Keitumer Ringreitervereins „drei Hühnereier zu entrichten".

Nordfriesisches Wappen

Braut von Sylt (17. Jahrh.)

Eine Sylter Braut in der Tracht des 17. Jahrhunderts.
Hochzeitsfeiern endeten früher meist mit Schlägereien und gelegentlich sogar tödlich.

Nicht jeder überlebte die Hochzeitsnacht

Mit dem Leichenhemd zum Fest

Große Feste werfen ihre Schatten voraus, lautet ein bekanntes Sprichwort. Auf Sylt las sich das früher ganz anders: Da trübten dunkle Schatten die Erinnerung an heitere Hochzeitsfeste. Denn was fröhlich begann, endete oft mit einem Drama.

Geheiratet wurde in vergangenen Jahrhunderten vornehmlich dann, wenn die Männer von der Seefahrt zurückkehrten, also im Herbst und Winter. Besonders beliebt war die Woche vor dem ersten Advent, und dort wiederum der Donnerstag. So traten allein am 25. November 1700 gleich 13 Paare in der Keitumer Kirche vor den Traualtar. Die Hochzeitsfeier fand im Haus des Bräutigams statt. Mit Bier und „Swetskilk" – einer Mischung aus Branntwein und Sirup – wurde die Stimmung kräftig angeheizt. Doch erhitzten sich dabei auch die Gemüter: Aus nichtigem Anlaß gerieten die Gäste in Streit, der meist in eine handfeste Prügelei ausartete – nicht selten mit tödlichem Ausgang. So versuchte der Rantumer Strandvogt Nis Bohn anno 1694 bei seiner eigenen Hochzeit eine Auseinandersetzung zu schlichten und wurde erstochen. Solche Zwischenfälle schienen aber keinen weiter aufzuregen, wie ein Chronist notierte: „Es ist aber niemals laut geworden, daß dergleichen Mordthäter bestraft worden sind, sondern es scheint vielmehr, daß solche Schlägereyen, und oft dabey vorgekommenen Todschlag, zur Tages-Ordenung gehört haben. Wenn Hochzeit gehalten wurde, so fragten die nicht Mitgewesenen am andern Tage, ob sie viel Vergnügen gehabt und ob sie sich brav geschlagen hätten. Wäre letzteres nicht der Fall gewesen, dann hies es, was haben die Gäste alsdann wenig Vergnügen gehabt."

Die Hochzeitsgäste waren jedenfalls auf alle Eventualitäten vorbereitet: Die Männer, so hieß es, pflegten mit dem Streithammer zu erscheinen, und die Frauen trugen für den Fall des Falles ein Leichenhemd bei sich.

Namen waren Schall und Rauch

Sie wechselten von Generation zu Generation

Nehmen wir einmal an, Sie würden Ernst Schmidt heißen. Folglich müßte der Nachname Ihres Vaters mit großer Wahrscheinlichkeit ebenfalls Schmidt lauten. Das war auf Sylt lange Zeit anders: Noch bis zum Jahr 1800 war die Namensgebung eine völlig willkürliche, wobei die Kinder zumeist als Vornamen den Nachnamen der Eltern erhielten.

Der Sohn von Steffen Thaken beispielsweise wurde Thake Steffens gerufen. So gab es in ein und derselben Familie von Generation zu Generation einen steten Namenswechsel. Erst mit Beginn des 19. Jahrhunderts wurde der jeweilige Familienname in den Kirchenregistern festgehalten.

Peter Seehund und Fritz Lakritz

Sylter und ihre Spitznamen

Kalle Dösig, Inge Düne und Siegfried Omnibus – diese Namen findet man in keinem Sylter Geburtenregister, und doch hat es sie gegeben. Denn viele Sylter wurden neben ihrem Vor- und Nachnamen mit einem dritten Namen bedacht: dem Ökelnamen. Ein Ökelname, das ist ein Spitzname, der den Betreffenden mit seinem Beruf oder den Hobbys, seinem Aussehen oder besonderen charakteristischen Eigenschaften in Verbindung bringt. Ökelnamen hatten ihren guten Grund, denn bestimmte Nachnamen wie Hansen oder Christiansen waren auf der Insel ungemein häufig vertreten, und nicht selten glichen sich auch noch die Vornamen. Daher dienten die Ökelnamen auch zur Unterscheidung. Auf Sylt früher weit verbreitet, haben sich die Ökelnamen in bescheidenerem Umfang bis heute erhalten. Wundern Sie sich also nicht, wenn Sie zwei Einheimische von Claus Doktor und Peter Hecht, von Sven Alarm und Carla Kultur, von Olaf Eiche und Abbe Ei reden hören.

Sylter Ökelnamen – hier eine kleine Auswahl: Da gab es zum Beispiel einen Peter Andresen, der in Tinnum wohnte. Sein drolliges Aussehen brachte ihm den Spitznamen „Peter Seehund" ein. Hans Peter Christiansen aus Wenningstedt wurde mit dem ungewöhnlichen Ökelnamen „Ick un min Fadder" (Ich und mein Vater) bedacht, weil er fast jeden Satz mit diesen Worten angefangen haben soll. Der Westerländer Carl Carstensen wurde „Carl Skat" genannt, weil er das Kartenspiel so sehr liebte. „Fritz Lakritz" alias Fritz Carstensen verkaufte in Westerland Bonbons. Martin Erichsen war bei der Stadtverwaltung in Westerland als Bote beschäftigt; weil er auf kurzen, krummen Beinen lief, verpaßte man ihm den Spitznamen „Martin Dackel". Ob Willi Friedrichsen mit seinem Ökelnamen einverstanden war, ist fraglich: Der We-sterländer Obsthändler wurde „Chruschtschow" gerufen, weil er dem sowjetischen Parteichef ähnelte. Karl Jacobsen hatte 40 Jahre treu der Kirchengemeinde in Westerland gedient und die Gräber für die Toten ausgehoben – so rief man ihn „Kalle Kuhlengräber". „Sönke Blau" war nicht etwa dem Alkohol zugeneigt – der Name rührte vielmehr daher, daß der Westerländer Malermeister Sönke Johannsen Blau zu seiner Lieblingsfarbe erkoren hatte. Den Milchhändler Karl Matthiesen sah man mit seinem Gespann stets im schnellen Trab durch Westerlands Straßen eilen – da lag der Name „Ben Hur" nahe. Die Art der Fortbewegung spielte auch bei dem Westerländer Dienstmann Hans Petersen eine Rolle; der ging stark nach vorn gebeugt und ruderte beim Gehen mit den Armen, was ihm den liebevollen Ökelnamen „Hans Wolkenschieber" einbrachte. Ernst Christiansen schließlich war für einige Jahre in Südamerika als Kapellmeister tätig – und wurde nach seiner Heimkehr nur noch „Ernst Chile" genannt.

Die Keitumer Kirche St. Severin, hier die Nordansicht aus der Vogelperspektive

Knochen im Mauerwerk

Ein Bauopfer in der Keitumer Kirche?

Zu jenen Zeiten, in denen sich das Christentum nur zögerlich unter den Friesen auszubreiten begann, wurde von den Menschen so manches heidnische Ritual gepflegt. Das Biikebrennen, das man noch heute am 21. Februar eines jeden Jahres feiert, ist solch ein Beispiel. Ein anderes sind die Bauopfer. Wenn ehemals ein Haus oder ein Deich gebaut wurde, gab man der Erde oft eine Opfergabe bei. Das konnte ein Hund, ebenso aber auch ein neugeborenes Kind sein, von dessen Unschuld man sich besonderen Schutz für das Bauwerk und eine Besänftigung der dämonischen Macht erhoffte, in deren Herrschaftsbereich der Mensch durch sein Tun einzugreifen glaubte.

Nur gelegentlich und durch großen Zufall werden Überreste von Bauopfern entdeckt. Um ein solches schien es sich auch hierbei gehandelt zu haben: Anno 1859 mauerte man an der Südseite der Keitumer Kirche zwei neue Fenster, als „in der Mitteldicke der Mauer eine Rinne von 8 ¾ Fuß Länge, 6 Zoll Breite und 4 Zoll Höhe und darin sehr wenige Knochen gefunden wurden, und zwar in ganz kleinen Stücken." Nach Feststellung eines herbeigerufenen Arztes seien es aber keine Menschenknochen gewesen, sondern die eines größeren Tieres.

Sylter vor dem Kadi

Wie um das Biikebrennen
ein heftiger Streit entflammte

Es war anno 1897, als der Keitumer Pastor Riemann mit Nachdruck ankündigte, daß er die Sylter Sitten „mit Stumpf und Stiel ausrotten" werde, und es war allen klar, daß er damit insbesondere auf das Biikebrennen und den Petritag abzielte. Denn weil diese beiden Festtage in manchem Jahr in die vorösterliche Fastenzeit fielen, die Sylter sich aber dennoch vom Feiern und Schmausen nicht abhalten ließen, waren die Festlichkeiten den Kirchenmännern ein Dorn im Auge. 1899 war ein solches Jahr, in dem sich Fastenzeit und Sylter Brauchtum nicht vertrugen. Tatsächlich verboten daher Pastor Riemann und seine beiden Amtsbrüder Gleiß aus Westerland und Bahnsen aus Morsum den Schulkindern, das Biikebrennen und den Petritag zu feiern – oder aber man solle das Fest um eine Woche vorlegen, was wiederum auf den energischen Widerstand der Sylter traf. Und so begingen diese das Biikebrennen und den Petritag nach alter Tradition. Prompt verklagte Pastor Riemann den Kirchenältesten Adolf Boysen und den Gemeindevertreter Nann Peter Mungard, weil sie die Petritagsfeier für die Kinder zugelassen hatten.

Noch etwas war dem energischen Pastor zu Ohren gekommen: Nann Peter Mungard – durch und durch ein trotziger Friese und Streiter vor dem Herrn – hatte nämlich vor dem Biikebrennen kundgetan, er wolle am liebsten drei Tonnen mit der Biike verbrennen lassen, auf denen er mit Kreide die Buchstaben „R", „B" und „G" anschreiben werde. Zwar könne sich wohl jeder denken, daß damit die Namen der drei Pastoren gemeint seien: „Ich aber behaupte dann, es soll heißen: Recht, Beständigkeit, Güte. Und wenn die Leute etwas anderes daraus machen, so kann ich ihnen auch nicht helfen", sagte Mungard verschmitzt. Das also war Pastor Riemann zu Ohren gekommen und hatte ihn maßlos erzürnt. Nun war es aber so, daß Mungard seine Ankündigung schlußendlich doch nicht wahr gemacht hatte. Und als der Pastor nun vor dem Amtsgericht in Tondern seine Anschuldigung äußerte und das Gericht bei der Befragung der Zeugen feststellte, daß sie gänzlich unberechtigt war, stand der Pastor ziemlich dumm da. Auch stellte das Gericht klar, daß der 21. und 22. Februar nun einmal die althergebrachten Tage für das Biikebrennen und den Petritag seien und die Fastenzeit diese Tradition nicht brechen dürfe. Pastor Riemann verlor schließlich nicht nur den von ihm angestrengten Prozeß, sondern wurde vom Gericht sogar noch zu einer Geldstrafe verurteilt. So war aus dem Kläger plötzlich ein Beschuldigter geworden, den auch die himmlischen Mächte nicht vor irdischer Gerechtigkeit schützten.

Traditionell werden die Biiken mit Tonnen geschmückt. Um das Sylter Nationalfest entbrannte einst ein heftiger Streit, bei dem die Tonnen eine besondere Rolle spielten.

Fische – mit Füßen getreten

Buttpetten: Eine eigentümliche Fangmethode

Fische fängt man mit der Angel. Oder mit dem Netz. Denkt man. Doch auf Sylt ist bekanntlich alles anders, und die Menschen hier hatten schon immer ihren eigenen Kopf und ihre eigenen Methoden. Noch bis in die Nachkriegszeit hinein, als der Hunger groß und die Zuteilung knapp war, betrieben die Sylter den Fischfang vor der Haustür auf ebenso einfache wie traditionelle Weise, so, wie sie es von ihren Vätern gelernt hatten. Diese Fangmethode wurde „Buttpetten" genannt. Dazu wartete man, bis die Ebbe das Wattenmeer an der Ostseite der Insel weitgehend freigelegt hatte, so daß nur noch einige flache Seen zurückblieben. Behutsam setzte man nun einen Fuß vor den anderen, bis es unter der Sohle plötzlich

zappelte und man mit geschicktem Griff eine Scholle aus dem Wasser beförderte. Natürlich lief man barfuß, um die Fische im sandigen Untergrund besser ertasten zu können. Anfänger krochen auf allen Vieren durchs Watt.

Dem „Buttpetten" verwandt ist das „Buttstechen". Dabei bediente man sich einer etwa fünf Meter langen Stange, an deren Ende ein Spieß mit fünf Zinken befestigt war. Von den Buhnen aus, in deren Nähe sich Schollen besonders gern aufhalten, wurden die Lanzen in den sandigen Boden gestoßen. Eine Methode, wie man sie im übrigen in den Sylter Binnengewässern auch auf Aale anwendete.

Ein Besenstiel ersetzte
den Weihnachtsbaum

Von der Symbolik des Jöölboom

Eine alte Tradition ist auf Sylt wieder in Mode gekommen: Zu den Festtagen ziert der „Jöölboom" (friesisch; Weihnachtsbaum) viele Stuben. Lange Zeit war er ein Ersatz für den festlich geschmückten Baum, wie wir ihn heute kennen. Denn erst um das Jahr 1900 herum wurden die ersten Tannenbäume vom Festland zur Insel verschifft. Bis dahin behalfen sich die Menschen angesichts des geringen Sylter Baumbestandes mit einer Notlösung: Ein gewöhnlicher Besenstiel wurde mit stabilen Zweigen besteckt, die man mit Rauschbeeren, Immergrün, Efeu, Äpfeln und Zuckerwerk behing.

Einen besonderen Blickpunkt aber bildeten Kuchen, die als figürliche Gebilde gebacken und an dem Stiel befestigt wurden. Von diesen hat sich eine typische Anordnung erhalten, wie sie von einigen Syltern noch heute aus Salzteig handgearbeitet wird. Den Sockel bilden Adam und Eva unter dem Baum mit der Schlange, darüber befinden sich ein Pferd, ein Hund und an der Spitze ein Hahn. Jede Figur ist dabei von symbolischer Bedeutung: Adam und Eva mit der Schlange stehen für die Erkenntnis. Das Pferd ist Ausdruck für Kraft, Ausdauer und Schnelligkeit. Der Hund symbolisiert die Treue. Der Hahn schließlich bezeichnet die Wachsamkeit.

Sylt und seine Originale

Vom Goldgräber zum Badewärter

Zwei Sylter in der Fremde

Aus den Anfängen des Seebades Westerland datiert die folgende Geschichte, die von dem Badewärter Paulsen, seinem Gehilfen Mommsen und dem besonderen Schicksal beider erzählt. Diesen Paulsen hatte die Seefahrt von seiner Heimatinsel in die Ferne geführt. Eines Tages gelangte er nach New York, erkrankte dort schwer, wurde in ein Lazarett gebracht und war dem Tode nahe. Wieder einigermaßen bei Kräften, schleppte er sich hinunter zum Hafen und schiffte sich als blinder Passagier ein. Als ihn der Kapitän entdeckte, war es zu spät zur Umkehr. Auch die restliche Zeit der Reise blieb der Kranke auf sich allein gestellt: Keiner an Bord konnte ihn verstehen. Die Besatzung sprach Portugiesisch. Als das Schiff schließlich im Hafen von Havanna Anker warf, war Paulsen wieder genesen. Vier Jahre später sprach er Portugiesisch und Englisch dazu und besaß ein eigenes Schiff, das er zehn Jahre lang führte. Die letzten sechs Jahre seiner Zeit in der Fremde verdingte er sich als Goldgräber in Kalifornien. Dort brachte er es zu großem Reichtum, bau-

te Häuser und Fabriken. „Hier", berichtet der Chronist, „traf er auch den täppischen Mommsen, einen armen Schlucker von Landsmann, dem in der Fremde gar nichts recht gelingen wollte und der es zuletzt zum Nachtwächter gebracht hatte." Jener Mommsen arbeitete fortan für den reichen Paulsen, und als der Tag kam, an dem jeder seiner Meinung nach genug Geld beisammen hatte, wollten sie ihre Heimat wiedersehen. Allein, das Schicksal meinte es nicht gut mit ihnen: Das Schiff, auf dem sie ihre Passage gebucht hatten, kenterte vor der Küste von Irland. Zwar konnten die beiden ihr Leben retten, nicht aber ihr Geld: Als sie auf Sylt ankamen, waren sie bettelarm. Am Ende ihres aufregenden Lebens hielten Paulsen und Mommsen Wacht am Westerländer Strand. „Und mit seinem schwermütigen Blick über das Wasser gen Westen", schließt der Chronist, „sagt unser Paulsen, daß er gerne wieder nach Amerika ginge, wenn sein Weib nur wollte. Aber sein Weib sei wie alle Sylterinnen und könne sich von dieser armseeligen Insel nicht trennen."

Kein Zutritt
für den Herrn Minister

Ein Leuchtturmwärter blieb stur

Die Friesen können bekanntlich recht eigenwillig sein. Davon machte auch jener Hörnumer Leuchtturmwärter keine Ausnahme, der einen Minister der Tür verwies. Und das kam so: Von der Landeshauptstadt Kiel hatte sich der Herr Minister auf den Weg nach Sylt gemacht, wo er dieses und jenes zu erledigen hatte. Bei der Gelegenheit, so dachte es sich der hohe Besuch, könnte er auch einmal – ganz Mensch – den Sylter Leuchtturmwärtern die Hand schütteln. Doch da hatte er die Rechnung ohne den Wirt gemacht: Standhaft verweigerte ihm der Hörnumer Leuchtturmwärter Prost den Zutritt zum Turm. „Aber bedenken Sie doch, lieber Prost, ich bin der zuständige Minister, Ihr höchster Vorgesetzter", tadelte der Besucher leicht indigniert. „Min Vörgesetzter? Dat is de Baurot Schmidt in Husum", antwortete der Leuchtturmwärter auf plattdeutsch. „Dor gohn Se man hen, und denn könnt Se rop op'n Torm so lang we Se wöllt!" Ob die Angelegenheit noch ein dienstliches Nachspiel hatte, ist nicht bekannt.

Hundert Mark für ein Glas Wein

Die Launen eines eigensinnigen Künstlers

Zu den bedeutenden Sylter Künstlern zählt sicherlich Andreas Dirks, nach dem in Westerland auch eine Straße benannt wurde. Dirks, 1865 in Tinnum geboren, war ein begnadeter Maler, der in seinen Bildern „die Kraft der Farbe zu erfassen, die Logik des Lichtes zu ergründen" versuchte. Seine vorwiegend impressionistischen Aquarelle und Ölbilder – die Nordsee war das bevorzugte Motiv – fanden über Sylt hinaus in deutschen Kunstkreisen Beachtung und verkauften sich entsprechend gut. So führte Andreas Dirks einen gehobenen Lebensstil und brauchte mit dem Geld nicht zu knausern, wie auch folgende Begebenheit beweist:

In Stunden der Muße, auf Reisen, aber auch während der Arbeit leistete sich Dirks gern eine gute Flasche Wein. Einmal reiste der eigensinnige Künstler mit dem Zug nach Hamburg und genoß im Speisewagen einen Schoppen Wein. Plötzlich erhöhte der Zug mit einem Ruck sein Tempo, und der Wein schwappte aus dem Glas. Kurz entschlossen zog Dirks die Notbremse. Aufgeregt eilte der Zugführer herbei und erkannte schnell, daß kein dringlicher Grund für die Notbremsung vorlag: „Mein Herr, so geht das nicht. Das kostet Sie hundert Mark Strafe." Seelenruhig erwiderte Andreas Dirks: „Sie können auch zweihundert haben. Aber sorgen Sie gefälligst dafür, daß ich mein Gläschen in Ruhe austrinken kann."

Der Maler als Modell:
Andreas Dirks galt als begnadeter Künstler und eigenwilliger Zeitgenosse

Diese historische Zeichnung dokumentiert den Entenfang in der Vogelkoje.

Endstation für Enten

In der Kampener Vogelkoje
gingen sie zu Tausenden ins Netz

Auf dem Weg zwischen List und Kampen findet sich eine kleine Idylle, die von Spaziergängern gern und oft besucht wird, eine grüne Oase mit opulenter Flora und Fauna. Nur für Enten war dies kein guter Ort. Denn die Kampener Vogelkoje brachte ihnen den sicheren Tod. Tausendfach.

1767 hatten Sylter die Koje nach holländischem Vorbild angelegt, um sich ein Zubrot zu verdienen. Denn auf dem Festland waren Wildenten als Delikatesse begehrt. Und so war hinter Kampen für viele vorbeiziehende Enten Endstation – mit 25 224 Tieren brachte das Jahr 1841 ein Rekordergebnis. 1921 wurde der Entenfang eingestellt, seit 1935 steht das Refugium unter Naturschutz. Die rekonstruierte Fanganlage und ein Lehrpfad gewähren heute Besuchern einen anschaulichen Einblick in die Koje. Und so funktionierte der Entenfang: In den vier Ecken des Teiches wurden gut getarnte Fangpfeifen plaziert. In diese lockten zahme Enten ihre wilden Artgenossen zur Nahrungsaufnahme – immer tiefer hinein. Am Ende lauerte der Kojenwärter, der die Reusen umlegte, die Wildenten aus dem Netz zog und ihnen mit geübtem Griff den Hals umdrehte.

Im Jahr 1864 stattete ein vornehmer Gast – Graf Adelbert von Baudissin – der Kampener Vogelkoje einen Besuch ab; dabei entspann sich zwischen ihm und dem Kojenwärter der folgende drollige Dialog:
„Wieviele Enten fangt Ihr jährlich?"
„Wieviele? Na, verschieden. Ein Jahr mehr, ein ander Jahr weniger. Das meiste, was ich an einem Tage gefangen, waren zweitausend. Wir haben aber auch Jahre gehabt, in denen wir nur sechs tausend im ganzen gefangen haben."
„Wie lange seid Ihr denn schon Entenfänger?"
„Einunddreißig Jahre."
„Wieviel Lohn bekommt Ihr?"

„Achtzig Thaler und freien Entenbraten."
„Freien Entenbraten? Wieviel eßt Ihr denn?"
„Vier, wenn sie aber zu fett werden, nur drei."
„Vier Enten? Wann? Jede Woche? Jeden Monat?"
„Jeden Tag! Morgens thue ich eine in die Pfanne, mittags eine, und abends verschnabuliere ich zwei."
„Gott steh' mir bei. Wie lange dauert der Fang jährlich?"
„Drei bis vier Monate."
„Also eßt Ihr jeden Herbst gegen vierhundert Stück Wildenten?"
„Ja, so um vierhundert, ein paar mehr oder weniger."
„Das macht in einunddreißig Jahren zwölftausend Stück. Himmlischer Vater! Wie kann man zwölftausend Wildenten im Leibe haben, ohne Schwimmfüße und Federn zu bekommen?"
Der Kojenwärter maß mich mit einem souveränen Lächeln und schlug sich seitwärts ins Gebüsch. Ich aber hätte mich nun am liebsten hingestellt und jedem Vorübergehenden leise zugeflüstert: „Er lebt noch!" „Wer?", würde man mich fragen. „Der Kerl mit den zwölftausend Enten unter der Weste!"

Die Kampener Vogelkoje – hier aus luftiger Perspektive in Richtung Osten gesehen – bedeutete für Tausende von Enten das sichere Todesurteil.

**Ein Sylter Original: Käpt'n Corl (vorn, zweiter von rechts)
mit seiner Crew auf dem Schiff „Freya"**

Der Sylter Eulenspiegel

Vor Käpt'n Corl war kein Badegast sicher

Carl Christiansen, nur „Käpt'n Corl" genannt, war ein echtes Sylter Original. Schon im zarten Alter von 15 Jahren heuerte er auf einem Schiff an, befuhr die sieben Weltmeere und diente sich schließlich bis zum Kapitän hinauf. 1902 kehrte er auf seine Heimatinsel zurück, trat in die Dienste der Sylter Dampfschiffahrts-Gesellschaft und schipperte die Badegäste vom Festland zur Insel und zurück. Auf den Fahrten spann Käpt'n Corl viel Seemannsgarn und band den unwissenden Gästen so manchen Bären auf. Einmal zeigte er im Vorbeifahren hinüber zu dem kleinen Dorf Emmerleff und sagte wie beiläufig: „Und dort wurde Nansen geboren." Die Reisenden staunten: Wer hätte gedacht, daß der berühmte Polarforscher Fridtjof Nansen in diesem Nest das Licht der Welt erblickt hatte? Tatsächlich war Nansen in Emmerleff geboren worden, hieß allerdings mit Vornamen Sören und war von Beruf Gemüsehändler. Ein anderes Mal blickte ein Badegast versonnen auf das weite Meer und fragte: „Ist das bis zum Horizont alles Wasser?"

Da entgegnete Käpt'n Corl: „Nee, da sind auch 'n paar Fische drin."

Als 1927 der Hindenburgdamm eröffnet und der Schiffsverkehr eingestellt wurde, ging Käpt'n Corl an Land. Fortan führte er Badegäste am Strand entlang und durch Westerland. Obligatorisch war dabei der Besuch des Heimatlosen-Friedhofs. Dort warf Käpt'n Corl jedes Mal demonstrativ ein Fünf-Markstück in den Spendenkasten, so daß sich auch die Gäste nicht lange bitten ließen. Was natürlich keiner wußte: Am Abend holte sich Käpt'n Corl sein Geldstück wieder ab. Aber auch für seine Landsleute hatte er stets einen passenden Spruch parat: Wenn ihm die Sonntagspredigt des Pastors nicht so recht gefallen hatte, lobte er ihn nach dem Gottesdienst mit ernster Miene: „Die Lieder haben Sie heute wirklich gut gewählt, Herr Pastor."

Käpt'n Corl starb im Jahr 1937. An dieses Stück Sylter Urgestein erinnert in Westerland noch heute die Käpt'n-Christiansen-Straße.

Erlebnisse mit den Gästen

Vermieter – bitte melden!

Erst Zechgelage, dann Zimmersuche

Als die Leser an einem Tag des Jahres 1960 die „Sylter Tageszeitung" aufschlagen, staunen sie nicht schlecht: In einer Anzeige sucht ein Urlauber sein Quartier. Wie es dazu kommen konnte? Der Gast aus Dortmund hatte am Abend seiner Anreise einen feuchtfröhlichen Zug um die Häuser unternommen. Was wohl einen totalen „Blackout" zur Folge hatte: Der Gute suchte seine Unterkunft jedenfalls vergebens und reiste schließlich entnervt ohne Gepäck wieder ab. Die Vermieterin bekam von der Anzeige dann aber doch noch Wind – und schickte dem Unglücksraben seine Koffer hinterher. Offensichtlich eine zeitlose Begebenheit: Über dreißig Jahre später, im Juni 1994, erscheint in der „Sylter Tageszeitung" eine Annonce mit folgendem Text: „Achtung Vermieter! Ich habe am Montag bei Ihnen ein Zimmer gemietet und finde dieses leider nicht mehr wieder. Bitte melden Sie sich!"

Ein Notopfer für Berlin

Wie ein Gast den Unmut der Sylter erregte

In den 1950er Jahren war es in Deutschland vorgeschrieben, Postsendungen nicht nur mit den üblichen Briefmarken, sondern auch mit kleinen blauen Steuermarken im Wert von zwei Pfennigen zu frankieren. Der Erlös dieser sogenannten Notopfer-Marken diente dem Wiederaufbau des im Zweiten Weltkrieg zerstörten Berlin. Seinerzeit, auf Sylt nahm der Fremdenverkehr langsam einen neuen Aufschwung, reiste ein Berliner Kaufmann auf die Insel, der es nach dem Kriege schon wieder zu einigem Wohlstand gebracht hatte. Dies dokumentierte sich unter anderem in seiner Nobelkarosse der Marke Mercedes-Benz. Dadurch aber zog sich der vermögende Gast schnell den Unmut der Sylter zu, die dies auf subtile Weise zum Ausdruck brachten: Als der Unternehmer abreisen wollte, mußte er zunächst die Windschutzscheibe seines geparkten Fahrzeugs gründlich säubern. Unbekannte hatten sie über Nacht komplett mit Notopfer-Marken beklebt.

Schelte
für einen Star

Marlene Dietrich wollte so gern Geige spielen

1928 verbringt Maria Magdalena von Losch ihren ersten Urlaub auf Sylt. Zwei Jahre später gelangt die junge Dame unter ihrem Künstlernamen Marlene Dietrich durch den Film „Der blaue Engel" zu Weltruhm. Der Insel hielt sie indes noch viele weitere Jahre die Treue. In dieser Zeit kam es zu einem amüsanten Urlaubserlebnis. Marlene Dietrich selbst hat es 1956 für die „Sylter Kurzeitung" aufgeschrieben:

„Ich hatte mir meine geliebte Geige mit nach Westerland genommen, in der festen Absicht, oft zu spielen. Denn in letzter Zeit hatte ich dazu kaum Gelegenheit gehabt. Nun, auf Sylt würde ich das Versäumte nachholen. Gleich am ersten Tag - draußen goß es ohnehin in Strömen - fing ich an. Ich erinnere mich noch ganz genau: „Tambourin chinois" von Fritz Kreisler spielte ich. Nach wenigen Takten klopfte es. „Herein!" Ein schmächtiges Männlein erschien: „Ach", sagte es verlegen, „wäre es Ihnen vielleicht möglich, hier in Ihrem Zimmer nicht Violine zu spielen? Ich bin nämlich Musiker und muß mich erholen. Wenn Sie nun aber dauernd spielen..."

Der Mann hatte recht. Ich spielte also weiter - in einem anderen Haus, versteht sich. Aber auch nur einen Tag. Da hatten sich schon so viele Gäste darüber beschwert, daß meine Wirtin mich ersuchte, den Geigenkasten doch lieber nicht mehr zu öffnen. Also zog ich nochmals um. Am nächsten Vormittag holte ich mein Instrument wieder hervor. Hoffentlich würde ich hier meine Ruhe haben und spielen können. Ich hatte gerade den Bogen angesetzt, als im Nebenzimmer eine Trompete zu blasen begann. Ärgerlich packte ich meine Geige wieder fort und ging an den Strand. Ich würde eben am Nachmittag spielen. Aber als wenn mein Zimmer-nachbar das ahnte, hub er auch diesmal wieder an zu blasen. Wütend warf ich die Geige auf das Bett.

Die Geige wanderte wieder in ihren Kasten. Und kam während der restlichen Wochen auf Sylt niemals hervor. Denn: Kann man in seinem Urlaub wirklich machen, was man will? Nicht unbedingt. Denn das wäre krasser Egoismus. Und egoistisch darf man zwar so oft im Leben sein, wie man will. Es darf nur keinen anderen stören. Das habe ich auf Sylt gelernt..."

Haderte auf Sylt mit ihren Zimmernachbarn:
Marlene Dietrich, hier mit Tochter am Strand

Was macht der Mann denn da?

Staunen über die Gäste

„Ja, mit den Gästen hat man schon so einiges erlebt. Und was die manchmal für komische Sachen dabei hatten – die kannten wir gar nicht. Einmal sahen wir, wie ein Gast Taschentücher auf die Straße warf. Das konnten wir nun gar nicht verstehen.

Was macht der Mann denn da? Man wirft doch nicht einfach seine Taschentücher weg! Was soll ich Ihnen sagen: Es waren ‚Tempo'-Taschentücher, die es auf Sylt damals noch gar nicht gab."

(Erzählung einer 80jährigen Westerländerin)

Ein Brillant im Sand

Diese Entdeckung schlichtet einen Familienstreit

„Am Sylter Strand fand eine Krankenschwester beim Burgenschaufeln einen wertvollen Ring. Sie lieferte ihn im Fundbüro ab und befreite dadurch einen Kurgast von dem Verdacht der Unterschlagung. Dieser hatte im vorigen Jahr den zu einer Erbschaft gehörenden Brillantring verloren und tagelang vergeblich nach selbigem gesucht. Schließlich mußte er seinen Verwandten den Verlust melden. Diese aber bezweifelten die Wahrheit."

(Zeitungsmeldung vom 1. August 1959)

Handschellen zur Begrüßung

Wie aus einem Urlauber ein Bankräuber wurde

Darüber konnte ein Sylt-Urlauber gar nicht lachen: Kaum hatte der 46jährige Hamburger nach seiner Ankunft in Westerland das Hotel betreten, in dem er zuvor telefonisch ein Zimmer reserviert hatte, klickten die Handschellen. Polizisten hatten den vermeintlichen Bankräuber dingfest gemacht – denn der Hotelportier glaubte, den neuen Gast kurz zuvor auf einem Fahndungsfoto gesehen zu haben. Zwar klärte sich der Irrtum bald auf, doch für den Mann war die Urlaubsstimmung restlos im Eimer: Er reiste wutentbrannt mit dem nächsten Zug ab.

(Ereignet hat sich dieser Vorfall im Jahr 1959)

Der Tote
schickte ein Telegramm

Eine Fahndungsaktion und ihr überraschendes Ergebnis

„Zwei Wochen lang fahndete die Westerländer Polizei nach einem jungen Mann, dessen vollständige Bekleidung am Strand aufgefunden worden war. Die Behörden vermuteten, daß der Unbekannte das Opfer eines Badeunfalls geworden war. Einziger Anhaltspunkt für die Identität des vermeintlich Toten war eine unvollständige Kölner Adresse, die beim Durchsuchen der Kleidungsstücke entdeckt wurde. Die Polizei fand in Köln aber statt trauernder Angehöriger den Gesuchten selbst vor. Der junge Mann war beim Baden von der Strömung abgetrieben worden und hatte anschließend seine Bekleidung nicht wiedergefunden. Statt den Verlust zu melden, ging er kurzentschlossen in das nächste Geschäft und kleidete sich neu ein. An die Polizeistation Westerland schickte er jetzt ein Telegramm mit dem lakonischen Text ‚Sachen nach Köln schicken'."

(Aus einem Zeitungsbericht 1959)

Und wo fährt die Kurtaxe ab?

Nur Sylt-Neulinge stellen diese Frage

Wer seinen Urlaub auf Sylt verbringt, der muß eine Kurabgabe – gemeinhin auch Kurtaxe genannt – entrichten. Die Kurtaxe wurde in Deutschland bereits im Jahr 1893 gesetzlich eingeführt und wird dazu verwendet, den Gästen ein attraktives Urlaubsumfeld zu gestalten. Ob nun Mitarbeiter der Kurverwaltungen frühmorgens am Strand Müll aufsammeln, Rettungsschwimmer über die Badenden wachen oder aber Veranstaltungen für die Gäste arrangiert werden – all diese Kosten finanziert die Kurtaxe. Der eine und andere Sylt-Neuling nimmt den Begriff „Kurtaxe" allerdings zu wörtlich, wie eine langjährige Mitarbeiterin der Kurverwaltung Westerland zu belegen weiß: „Da frage ich neulich einen Gast: ‚Haben Sie denn schon die Kurtaxe bezahlt?' Antwortet der: ‚Nein danke, wir sind mit dem eigenen Wagen da.' Das ist wirklich kein Witz. Genauso kommt es gelegentlich vor, daß uns ein Urlauber zaghaft anspricht: ‚Sagen Sie mal – wo fährt eigentlich die Kurtaxe ab?'"

27

Sommerfrische und Badeleben

Fröhliche Reiterspiele

Mit dem „Badepferd" in die Fluten

Annonce aus der „Westerländer Kurzeitung" vom 30. Juni 1909

„Eine stürmische Bewegung des Herzens"

Die Badesitten zur Jahrhundertwende

Ein modischer Badeanzug? Ein frecher Bikini? Oder gar ein knapper Tanga? Vor kaum hundert Jahren hätte eine solche Badekleidung die öffentliche Ordnung und Moral auf den Kopf gestellt. Man zeigte sich selbst am Strand sittsam hochgeschlossen – schon die Entblößung der Waden hätte gegen ein Tabu verstoßen. Während die Herren akkurat mit Anzügen bekleidet waren, trugen die Damen lange wallende Badeanzüge mit Rüschen und Spitzen. Wer die Bekleidungsvorschriften nicht kannte, ging ins Büro der Badeverwaltung. Dort lagen Muster-Badeanzüge aus.

Am Flutsaum schützten Badekarren beim Umkleiden vor unerwünschten Blicken. Für die Benutzung der Badekarren zahlten „Erwachsene 85 Pfennige, Kinder und die Dienerschaft 40 Pfennige. Für Begleitung in das Wasser durch eine Wärterin 30 Pfennige". Das Baden selbst ging recht betulich vonstatten: „Die Damen durften bis zu den Waden ins Wasser. Gingen sie über die Knie hinein, so wurde von den Badewärterinnen sofort Alarm getutet." In den Anfängen des Seebades Westerland wurde den Sommerfrischlern nebst Badekarren auch dieser

Service geboten: „Zur Sicherung der Badenden hat man am Sylter Strande die Einrichtung, daß kleine Anker in dem Sande befestigt werden, deren Taue die Badenden mit ins Wasser nehmen, um an denselben auch ohne Hilfe anderer oder der Wärter wieder zum Strande gelangen zu können", schilderte ein Badegast anno 1865. Und auch diesen Rat gab man den Badegästen mit auf den Weg: „Bei stärkerer Brandung thut der Badende gut daran, mit dem Rükken voran ins Wasser zu gehen. Der Stoß auf die Brust von Seiten der brandenden Welle würde eine stürmische Bewegung des Herzens hervorrufen mit ihren Folgen."

Ehe im Jahre 1902 das erste Familienbad eröffnet wurde, badete man streng getrennt im Damen- und Herrenbad. Das Damenbad war besonders gut abgeschirmt. Wärterinnen hielten Ausschau nach ungebetenen Gästen, und die Kurzeitung warnte: „Wehe dem Herrn, der sich auf der Dünenkante zeigt – empörte Schmährufe gellen ihm entgegen! In ernsteren Fällen wird er gar mit dem Besen bis ins Dorf verfolgt."

Von Burgen und Bauherren

Am Strand schuf sich jeder sein eigenes Reich

Über Jahrzehnte hinweg, ehe ihm die Kurverwaltungen in den 1970er Jahren den Garaus machten, war der Bau von Strandburgen für kleine und große Badegäste eine der beliebtesten Beschäftigungen. Heute ist das Buddeln im Sand streng untersagt – zerklüftete Strände behindern die Strandbewirtschaftung wie auch das Bergen der Strandkörbe bei Sturmfluten.

Früher reihte sich am Strand eine Burg an die nächste. Jede wurde von ihrem Besitzer eifersüchtig bewacht und mit rührender Hartnäckigkeit gegen die tückischen Fluten und ränkevolle Nachbarn verteidigt. Ja, Chronisten wußten sogar von handgreiflichen Auseinandersetzungen zwischen Burgenbesitzern zu berichten. Dabei hatte der „Sylter Bäderführer" schon 1904 gemahnt, daß „in Besitzstreitigkeiten keine Instanz zur Rechtsprechung angerufen werden kann. So bleibt es ausschließlich den Badegästen selbst überlassen, sich untereinander freundschaftlich zu verständigen. Wer eine Burg erbaut hat, errichtet nach altem Brauch sofort eine mit Aufschrift versehene Fahne zum Zeichen, daß dieselbe in Benutzung steht."

Aus bloßem Sand, Muscheln und Strandgut entstanden wahre Kunstwerke, eines prächtiger als das andere: Häuser, Kirchen, Pyramiden, ja ganze Zoos türmten sich am Strand auf. Der „Sylter Bäderführer" begeisterte sich: „Zwischen hundert Körben tummeln sich geschäftig die kleinen und großen Kinder und schaufeln eifrig Gräben und Wälle, um Strandburgen zu bauen, die in endlos bunter Reihe sich dahinziehen und mit ihren hochflatternden Wimpeln und Fähnchen und grüßenden Inschriften einem Heerlager gleichend ein entzückend farbenreiches Bild entrollen." Und fast jeder Burgherr hatte eine

bedeut-same Botschaft zu verkünden: Hier stand auf einer Fahne zu lesen: „Bei uns finden Damen liebevolle Aufnahme", dort warnte ein Transparent „Vorsicht! Bissige Junggesellen". Neben der Strandburg „Zum gemütlichen Mauseloch" residierte der „Club der Harmlosen", und neben dem „Hotel zur beleidigten Leberwurst" fand sich ein „Zipfelchen vom Himmelreich".

1955 schrieb die „Kurzeitung Sylt": „All dies Werken macht den Strand lebendig, gibt jedem Platz eine unerhört aufschlußreiche, persönliche Note und zählt zum unvermeidlichen Tagesprogramm eines Urlaubers. Und nicht selten kommt es bei Ablauf der Ferientage zu förmlichen Besitzübergaben der Strandburgen." Für die Kurverwaltungen stellte das emsige Treiben eine willkommene Bereicherung des Veranstaltungsprogrammes dar. „Sie fördern diesen entzückenden Spieltrieb und veranstalten große Strandburgen-Wettbewerbe, die eine kaum vorstellbare Begeisterung entfesseln. Die Preisverteilung geht dann stets im Rahmen eines großen Balles vor sich", berichtete die Kurzeitung und vermerkte in einer Ausgabe anno 1921: „Der nächste Burgenwettbewerb findet am 28. Juli statt. Zur Teilnahme

Und zu guter Letzt wurden die Strandburgen auch noch mit weisen Sprüchen verziert

Solche sandigen Kunstwerke wurden in stundenlanger, mühevoller Arbeit gefertigt.

berechtigt sind sämtliche Burgenbauer. Es werden ausgezeichnet a.) die schönste Burg, b.) die beste Blumenburg, c.) die beste Einlegearbeit, d.) die beste Kinderburg."

Der Kult um die Strandburgen trieb noch ganz andere Blüten: Stets umlagert war im Jahre 1904 eine Burg, über der eine Fahne mit der Aufschrift „Internationales Heiratsbureau" flatterte. Ein Schild am Eingang der Burg stellte klar: „Diskretion Nebensache." Gleich dahinter waren an einem Pfahl zwei kleine Holzkästchen befestigt – ein Briefkasten für die Damen, einer für die Herren. Diese Strandburg – die Idee war der Bierlaune einiger Kurgäste entsprungen – soll in der Tat mehrere Ehen gestiftet haben. Zum großen Bedauern der Badegäste teilte das „Heiratsbureau" am Ende der Saison mit, daß es „anderweitiger Unternehmungen halber" sein Domizil wechseln müsse. Neben diesem Anschlag fand sich das folgende Abschiedsgedicht:

Das herrliche Lachen, das täglich erneut
gar lieblich im Ohre uns klang,
es hat uns in tiefster Seele erfreut,
wir sagen Euch fröhlichen Dank!

Denn nur weil auf unser harmloses Spiel
Ihr gingt so verständnisvoll ein,
kam unser Unternehmen zum Ziel
und konnte so lustig gedeih'n.

Ob Amor, der Schelm, stiller Teilnehmer war,
wer weiß es, doch könnt' es wohl sein.
Mischt er sich doch gerne – das ist ganz klar -
bei solcher Gelegenheit ein!

So heißt es denn scheiden – es war doch so schön.
Leb' wohl nun, Du herrlicher Strand!
Mög' übers Jahr unsere Flagge weh'n
wieder lustig in Westerland.

Ein eiskaltes Vergnügen

„Weihnachtsbaden" am Strand von Westerland

Daß sich im Sommer Tausende in die Nordsee stürzen, ist nichts Besonderes. Wenn es ein paar Dutzend aber auch im Winter tun, dann ist das schon außergewöhnlich. Einer Bierlaune in geselliger Runde entsprang 1985 die Idee zu einem „Weihnachtsbaden" am Westerländer Strand. Damals waren es 35 Teilnehmer, die gänzlich unverhüllt, kostümiert oder aber sittsam in Badehose und Bikini in die Wellen stiegen. Immerhin 2000 Zuschauer guckten schon damals zu. Die Westerländer Kurverwaltung erkannte in dem launigen Spektakel schnell den Ansatz zu einer werbeträchtigen Veranstaltung und baute das „Weihnachtsbaden" samt Rahmenprogramm kontinuierlich aus – bis zu 5000 Zaungäste werden mittlerweile gezählt. Eine Portion Mut gehört für die unerschrockenen Wassernixen und Meermänner freilich heute wie damals dazu. Besonders klamm war's im Jahr 1994 bei einer Wassertemperatur von minus zwei Grad und einer Lufttemperatur von minus vier Grad. Dennoch hielt es der wagemutigste Teilnehmer ganze sechs Minuten und 37 Sekunden im kalten Eiswasser aus. Bereits seit dem ersten Weihnachtsbaden dabei war die älteste Teilnehmerin, eine 84jährige Sylterin, die es sich trotz Verbot ihres Arztes nicht nehmen ließ, kurz in der Nordsee abzutauchen. Der jüngste Schwimmer war gerade mal acht Jahre alt. Auch der Teilnehmerrekord datiert von 1994, als 95 Unerschrockene ein kurzes Bad nahmen. Doch selbst als 1997 ein Sturm über die Insel fegte und sich die Wellen hoch auftürmten, fanden 90 Schwimmer und 3000 Zuschauer den Weg zum Strand.

Den Schwimmern, die auf ihrem Weg von der Promenade zum Meer stets vom Sylter Meeresgott Ekke Nekkepenn oder aber vom Weihnachtsmann angeführt werden, winken zur Belohnung Urkunden. Aber erst einmal gibt es nach dem kalten Bad eine heiße Dusche und einen starken Punsch. Und weil's die Zaungäste schon vom Zuschauen fröstelt, trinken sie gleich einen mit.

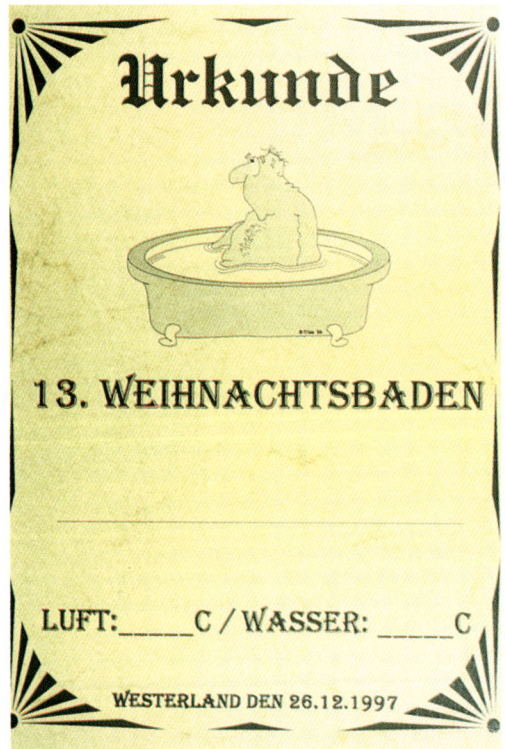

Ein ganz besonderes Sylt-Souvenir: Jeder Teilnehmer des Weihnachtsbadens wird mit einer solchen Urkunde belohnt.

Weihnachtsbaden 1997: 90 Unerschrockene stürzen sich in die Nordsee. 3000 Zuschauer bilden die Kulisse.

„Welch' eine Sammlung unschöner Gestalten"

Ein Badegast traut seinen Augen nicht

„Welch' eine Sammlung unschöner Gestalten findet sich doch am Strande. Welch ein Mangel an harmonischem Körperbau, kräftiger Muskulatur, schwellenden Gliedern. So manche Lockentour und künstliche Perücke bleibt zurück in der Karre, aus breitarmigen Röcken schälen sich dünne Ärmchen. Hatte ich doch ehrfürchtig den reichen Herrn Commerzienrat betrachtet, als seine dicke Gestalt gravitätisch an mir vorüberschritt, anzuschauen wie eine gewaltige wandelnde Goldbarre – heute steht er ängstlich wackelnd auf dürren Beinchen, dort ganz vorn, wo kaum der Schaum der letzten Wellen hinansteigt. Jene lange, pomeranzenfarbige Figur, die aussieht wie entsprungen aus einem altbyzantinischen Gemälde, eckig und spinnenhaft, ist unser zarter Liebling der Damen, jetzt freilich beraubt aller Schönheiten. Was doch Stadtluft, Schlemmerei, Studierstube und Schreibpult für Carikaturen schaffen! Dicke, schwammige Gourmands, leberbraune Hypochonder, schlaffe Jünglinge. Gewissenhaft legt sich der Herr Professor auf den Sand und läßt die vorgeschriebenen sechs Wellen über sich hinspülen. Schon kühner sind andere, sie drehen dem Meere den Rücken zu und empfangen demütig manch derben Wellenschlag für ihre Sünden gegen die Vorschriften der Natur. Meinen Freund, den Doktor, trifft ein mächtiger Schlag auf seine Kehrseite, im Bogen haut's das würdige Gesäß auf den Sand, wie ein Meteor leuchtet seine rote Schwimmhose, und schon glaubte ich, eines seiner Fliegenbeinchen sei ihm abgebrochen, aber siehe da! Er sammelt alle seine Gliedmaßen schnaufend aus dem Sande wieder auf und ergreift ein Tau. Um die Karren herum sitzt eine Garnitur von Zuschauern, ihr Gespräch dreht sich um das eine Thema: Das Bad und ‚Heute gibt es schöne Wellen'. Da aber jetzt zwei von ihnen in ebenso müßige wie unbillige Klagen ausbrechen – so entferne ich mich."

(Aus den Notizen eines Gastes, der das Seebad Westerland anno 1858 besuchte)

Allerlei Strandgut

Ein gewichtiges Strandgut

Am Flutsaum lag ein toter Wal

Ein eisiger Wind weht am Morgen des 7. Februar 1995 über die Insel, die Temperaturen sind frostig und laden nicht gerade zu einem Spaziergang ein. Und so haben sich auch an den Strand von Wenningstedt zu dieser frühen Stunde kaum Menschen verirrt, nur vereinzelt sieht man hier und da in der Ferne ein paar schwarze Punkte – das sind die hartgesottenen Winterurlauber. Zwei von ihnen spazieren arglos plaudernd am Flutsaum entlang, als ihnen plötzlich ein mächtiges Hindernis den Weg versperrt. Was da liegt, das erkennt auch ein Laie auf den ersten Blick: Es ist ein großer, toter Wal.

Ein paar Stunden später herrscht am Wenningstedter Strand Hochsaison. Die Nachricht von dem ungewöhnlichen Fund hat sich auf Sylt wie ein Lauffeuer herumgesprochen, von einem Moment auf den anderen ist die Insel aus ihrem Winterschlaf erwacht. Mit Fernsehteams bepackte Hubschrauber kreisen über der Fundstelle. Die Taxifahrer haben Hochkonjunktur: „Fahren Sie mich bitte zum Wal", werden sie immer wieder gebeten. Am Strand surren ohne Unterlaß die Videokameras. Die Kurverwaltung hat die Fundstelle abgesperrt – „sonst schneidet sich noch einer ein Stück Schwanzflosse als Andenken ab",

unkt der stellvertretende Kurdirektor. Wie recht er behalten soll – im Schutz der folgenden Nacht kommen die Souvenirjäger zum Zuge.

Ein solches Strandgut hat es auf Sylt seit dem Jahr 1918 nicht mehr gegeben. Damals verendete ein gut 20 Meter langer Finnwal an der Küste, und seitdem hat man hier keinen Finnwal mehr gesehen. Auch dieser stattliche Bursche wirkt noch im Tode majestätisch: 18 Meter ist er lang, die Schwanzflosse mißt im Durchmesser 3,50 Meter, und im Gewicht bringt er es wohl auf 35000 Kilo. Der aufgeblähte Bauch und der süßliche Verwesungsgeruch sind für die herbeigeeilten Wissenschaftler untrügliche Kennzeichen, daß der Finnwal schon etwa zwei Wochen lang tot im Meer trieb und durch Strömungen aus dem Atlantik vor Sylt angedriftet wurde.

Zwei Tage lang läuft der Wal allen anderen Sylter Sehenswürdigkeiten den Rang ab, dann ist alles auf einmal ganz schnell vorbei: Arbeiter tranchieren den Koloß mit Kettensägen, in Containern werden die Überreste zur Tierverwertungsanstalt aufs Festland gebracht. Wo der massige Körper eine tiefe Kuhle in den Sand grub, hat die Flut schnell alle Spuren verwischt.

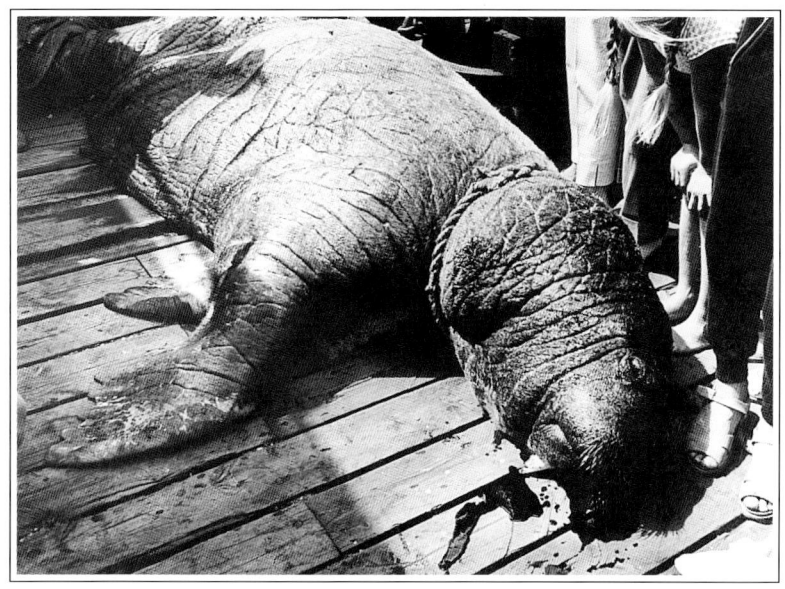

„Eine zoologische Sensation"

Vom Polarmeer nach Sylt: Ein Walroß auf dem Irrweg

Wer mit offenen Augen durchs Leben geht, der sieht mehr als andere. Diese Erfahrung machte auch ein Kurgast, der am Lister Strand eigentlich nur ein Sonnenbad nehmen wollte. Doch dann kann er an diesem heißen Julitag des Jahres 1960 seinen Augen kaum trauen: Glaubte er doch tatsächlich, soeben in den Fluten ein mächtiges Walroß erblickt zu haben. Doch so recht mag ihm dies keiner glauben, als er am Abend in geselliger Runde von seinem ungewöhnlichen Erlebnis berichtet. Wen wundert's auch? Schließlich leben Walrosse bekanntlich im fernen Polarmeer, und an den Sylter Strand hat sich noch kein Vertreter dieser Spezies verirrt.

Wenige Tage später ist die Sensation perfekt: „Tatsächlich, ein Walroß. Ich habe es an der Nordspitze gesehen", vermeldet der Lister Seehundjäger Curt Dethlefs. Nun häufen sich die Sichtungen. Fischer und Strandläufer sehen den massigen Körper aus den Fluten auftauchen. Zwei Jugendliche, die mit dem Boot hinaus aufs Meer zum Angeln fahren, werden von dem Tier sogar attackiert. Nun steht fest: Das Walroß muß sterben, ehe es noch größeren Schaden anrichtet. Am 27. Juli entdeckt Curt Dethlefs das Tier am Strand des Ellenbogens und schießt es nieder. Mit einem Kran wird es im Lister Hafen von einem Schiff an Land gehievt. Zahlreiche Schaulustige bestaunen den wuchtigen Koloß, der da auf der Pier liegt. Vier Meter lang ist die Walroßkuh und 1500 Pfund schwer. Die Untersuchung ergibt: Der Irrgast war so oder so dem Tode geweiht. Abgemagert, der Magen fast leer, war das Tier dem Verhungern nahe.

Für die Presse ist die Meldung, zumal im „Sommerloch", ein gefundenes Fressen. „Zoologische Sensation!" und „Mußte das Walroß sterben?" rauscht es durch den deutschen Blätterwald. Ein Sylter Journalist sammelte die Zeitungsausschnitte: 114 Artikel kamen dabei zusammen.

Zurück blieb nur ein Wrack im Watt

Das bewegte Leben der „Mariann"

Die „Mariann": Einst ein stolzes Schiff...

Im Wattenmeer vor Braderup liegt der Schoner „Mariann" oder vielmehr das, was von ihm übrig ist. Seit mehr als drei Jahrzehnten nagen die Wellen beständig am zerschlissenen Kiel. Doch das Wrack wehrt sich gegen seinen endgültigen Untergang. Der Rumpf des Schiffes trotzt bis heute tapfer jeder Flut – das Holz ist äußerst robust und macht seinem Namen alle Ehre: Es ist Steineiche. Warum aber endete die letzte Reise der „Mariann" im Braderuper Watt? Hier ist die Geschichte vom traurigen Schicksal eines ehemals stolzen Schiffes.

1903 läuft auf einer Werft im dänischen Thurö ein stattlicher Dreimastschoner vom Stapel. Er ist fast 32 Meter lang, siebeneinhalb Meter breit und wird auf den Namen „Britannia" getauft. 25 Jahre lang segelt der Windjammer kreuz und quer über den Atlantik. Während des Zweiten Weltkriegs transportiert er Lebensmittel zwischen Schweden und Deutschland, und Neptun hält seine schützende Hand über das Schiff: Nicht eine Mine kreuzt seine Wege. Nach dem Krieg ist die „Britannia" – inzwischen in „Mariann" umbenannt – auf der Nord- und Ostsee unterwegs, ehe sie 1960 außer Dienst gestellt wird. Doch ein Jahr später tritt sie noch einmal eine Reise an: Es geht nach Sylt. Dort hatten die Betreiber der Wenningstedter „Witthüs"-Teestube – ihnen war gerade den Pachtvertrag gekündigt worden – eine pfiffige Idee: Eine schwimmende Teestube, das soll die neue Attraktion für Urlauber werden.

Zwei Fischkutter schleppen die überholungsbedürftige „Mariann" von Schweden Richtung Sylt. Die Überfahrt ist stürmisch, doch das schert die Matrosen wenig – sie sind sturzbetrunken. Ein Seenotrettungskreuzer bewahrt die „Mariann" vor dem Untergang. Die letzten Meilen wird sie dann von einem Muschelfischer gezogen. Im Hafen von Munkmarsch hat die Wasserschiffahrtsbehörde der „Mariann" einen Liegeplatz angewiesen. Den übrigen Genehmigungen scheint nichts im Wege zu stehen, glauben die neuen Eigner. Doch es kommt alles anders.

Im Februar 1962, das Schiff wird gerade überholt, brandet eine schwere Sturmflut an die Küste. Erneut wird die „Mariann" schwer lädiert. Schlimmer noch: Die Behörden versagen den Eignern die Genehmigung, auf dem Schiff eine Teestube einzurichten. In den folgenden Jahren wechselt der abgetakelte Windjammer mehrmals den Besitzer. 1965 muß die „Mariann" auf behördliche Anordnung ihren Liegeplatz im Munkmarscher Hafen räumen. Ihr letzter Besitzer, ein Student, läßt das Schiff nach Braderup schleppen – und verschwindet kurz darauf spurlos. Die „Mariann" aber wird zum Beutegut der Souvenirjäger und hemmungslos ausgeplündert. Ausgemergelt liegt sie nun im Schlick und rottet still vor sich hin, ehe ihr bewegtes Leben am 25. Mai 1981 ein jähes Ende nimmt: Ein Brandstifter bereitet der „Mariann" eine Feuerbestattung.

...heute nur noch ein hölzernes Skelett.

Ein Schiff sitzt auf dem Trockenen

Und Hunderte von Schaulustigen pilgern nach Rantum

„Der Herr segne unseren Strand", predigten die Pastoren früher von der Kanzel herab, und die Sylter falteten dazu innig die Hände. Wenn ein Schiff strandete, und das war in vergangenen Jahrhunderten oftmals der Fall, sprach sich das wie ein Lauffeuer herum. Aus allen Inseldörfern strebten die Menschen dann eilig zum Strand, um sich an der Ladung gütlich zu tun. So hielten die Sylter oft reiche Ernte, und selbst die amtlich bestellten Strandvögte konnten dem Strandraub nur schwerlich Einhalt gebieten. Noch heute, wenn auch nur sehr gelegentlich, passiert es, daß Schiffe vor Sylt stranden. Ein solcher, besonders spektakulärer Fall war die Strandung der „Dina".

Am Morgen des 18. Oktober 1991 treibt das Küstenmotorschiff „Dina" – unterwegs vom dänischen Esbjerg nach Hamburg – manövrierunfähig vor der Sylter Küste. Ein hydraulischer Defekt hatte die Steuerung des 299-Bruttoregistertonnen-Schiffes außer Kraft gesetzt. Hilflos schlingert die „Dina" wie ein Spielball der Wellen auf den Strand zu. Der Käpt'n funkt SOS. Doch alle Versuche, eine Strandung zu verhindern, sind zum Scheitern verurteilt: An diesem Tag fegt ein schwerer Sturm über das Meer, meterhoch türmen sich die Wellen. Und so reißen die Leinen, die der aus List herbeigeeilte Rettungskreuzer „Minden" an der „Dina" vertäut hatte, ebenso wie die beiden Ankerketten des Frachtschiffs. Eben noch

gelingt es einem Rettungshubschrauber, den Kapitän und die beiden Besatzungsmitglieder mit der Winde von dem Havaristen zu bergen, als sich der Rumpf der „Dina" knirschend in den Sand bohrt.

In den folgenden Tagen ist am Strandabschnitt „Samoa" südlich von Rantum die Hölle los. Hunderte von Schaulustigen umkreisen den 50 Meter langen Frachter, den die Sturmflut hoch auf den Strand getragen hat. Die Bergungsexperten machen sich an die Arbeit. Und es wird kein leichtes Unterfangen: Planierraupen und Bagger ziehen zunächst rund um das Schiff tiefe Gräben: Mit Hilfe eines Schleppers, der mit der „Dina" durch eine 600 Meter lange Stahltrosse verbunden ist, kann der Frachter am Strand mühsam um 90 Grad zum offenen Meer hin gedreht werden. Bagger graben eine Fahrrinne zum Wasser. Am frühen Morgen des 31. Oktober steigt die Flut dann endlich hoch genug, um einen Rettungsversuch zu wagen. Mit immenser Zugkraft zieht der Hochseeschlepper „Hermes" die „Dina" zurück ins offene Meer. Ganz billig war die großangelegte Hilfsaktion nicht: 250 000 Mark haben die beiden aufregenden Wochen gekostet.

Das Meer spielt den Briefträger

Erstaunliche Geschichten von der Flaschenpost

Manchmal spült die Flut neben Muscheln, Holz und toten Krebsen auch Flaschen mit geheimnisvollem Inhalt an den Strand. Eine Flaschenpost zu finden, das ist allemal eine spannende Angelegenheit und hat den Geschmack von Abenteuer und fernen Ländern. Der Gedanke ist so neu nicht: Schon vor einigen Jahrhunderten hat man in Notsituationen Schriftstücke in wasserdichte Behältnisse eingeschlossen und sie den Wellen anvertraut. Als der berühmte Seefahrer Christoph Columbus mit seinem Schiff am 15. Februar 1493 im Atlantischen Ozean in einen schweren Sturm geriet und das Schlimmste zu befürchten war, da verschloß er Seiten aus seinem Tagebuch und einige nautische Tabellen in einer Flasche aus Zedern holz und warf sie in die tosende See, um seine Erkenntnisse so der Nachwelt zu überliefern.

Nur erahnen lassen sich jene Dramen, von denen eine letzte Botschaft Kunde an den Sylter Strand trug. In Rantum trieb am 15. Januar 1936 eine Flaschenpost an. Schwer leserlich war der Inhalt: "SOS. Ship in danger." Dazu die verwischten Namen eines Schiffes und seines Kapitäns. Immerhin: Die Positionsangabe gab Aufschluß, daß die Nachricht zwischen den Kanarischen Inseln und Gibraltar dem Meer anvertraut worden war. Ebenfalls nur schwer zu entziffern war die Botschaft, die sich am 10. August 1933 am Strand von Westerland in einer Flasche fand: "Send help quickly", lautete der dringliche Hilferuf, der Rest ließ sich nur vermuten: Offenbar hatte ein Schoner mit Namen „Mata" Schiffbruch erlitten.

Die Flaschenpost als Politikum – auch das gab's: Der Strandvogt Decker beschwerte sich 1894 in einem Schreiben beim Königlichen Strandamt in Keitum: „Es ist in der letzten Zeit vorgekommen, daß dem Strandvogt über am Strand gefundene Zettel, welche in einer Flasche antrieben, keine Mitteilung gemacht wurde. Nach § 20 der Strandungsordnung vom 17. Mai 1874 sind die Finder oder Berger von Seeauswurf und am Strande gefundenen Gegenständen verpflichtet, der

nächsten Polizeibehörde oder dem Strandvogt hiervon sofort Anzeige zu machen. Ich bitte, dahin wirken zu wollen, daß in Zukunft der Strandvogt benachrichtigt wird, damit es für ihn möglich ist, die nötige Ordnung aufrecht zu erhalten."

Flaschenposten waren oft nur wenige Tage und kurze Strecken unterwegs, manchmal aber kamen sie von weit her und hatten eine lange Reise hinter sich. So entdeckten Jugendliche im Januar 1976 am Hörnumer Strand eine Botschaft, die drei Jahre zuvor in England geschrieben worden war. Noch länger dümpelte eine holländische Flaschenpost durchs Meer, die ein Berliner Gast 1978 am Westerländer Hauptstrand auffand: Datiert war das Schreiben vom 27. Mai 1965.

Die absoluten Rekorde aber stellten zwei andere Funde auf: 1978 sah ein Landwirt im Wattenmeer vor Morsum eine Bierflasche im Wasser treiben, eine Flasche, wie er sie so nicht kannte. Es stellte sich heraus: Die Flasche war 64 Jahre lang auf Reisen gewesen. Zu Beginn des Ersten Weltkriegs, am 7. August 1914, hatte eine Berta Hollatz, wohnhaft in der Eddelbüttelstraße 14 im heutigen Hamburg-Harburg, die Nachricht über Bord geworfen. Der kurze Text lautete: „Von der Übersetzung nach List auf dem Dampfer „Freudenstern" die herzlichsten Grüße. Der Finder dieser Karte wird gebeten, dieselbe weiterzuschicken." Den Streckenrekord indes hielt eine andere Flaschenpost, die im Oktober 1968 in Hörnum anlandete. Ein Matrose des englischen Kriegsschiffes „Olwen" hatte sie 21 Jahre zuvor im Südpazifik ins Wasser geworfen. Demnach war sie 40000 Kilometer weit getrieben.

Kurverwaltung als Moralapostel

Züchtige Bekleidung wurde erbeten

„Das Betreten der Kurpromenade im Badeanzug ist nicht gestattet. Städtische Kurverwaltung Westerland." Ein Schild mit diesem Aufdruck fand sich auf der Westerländer Promenade, aber nicht etwa in den Anfängen unseres Jahrhunderts, sondern – 1970. Und so begann ausgerechnet dieses laszive Jahrzehnt in Westerland ganz puristisch...

**Früher wie heute wird auf Westerlands Promenade gern flaniert –
noch 1970 aber gab man sich dabei recht zugeknöpft.**

Nackte Tatsachen

Solche freizügigen Ansichtskarten sorgten in den 1950er Jahren für Wirbel.

Insel ohne Moral
Nackte Tatsachen beschäftigten die Obrigkeit

Ein schnöder Urlaubsgruß brachte den Stein ins Rollen – und bereitete den geschäftstüchtigen Sylter Buchhändlern und der gestrengen Justiz arge Bauchschmerzen. 1956 war's, als die Buchhändler unvorsichtig wurden. Dabei hatten sie kurz zuvor die ausdrückliche Auflage erhalten, die bis dato öffentlich ausgestellten Ansichtskarten mit Nacktmotiven fortan nur noch auf besonderen Wunsch und ausschließlich unter dem Ladentisch zu verkaufen – mit Rücksicht auf „die öffentliche Moral".

Aber wie das so ist: Mit der Zeit geriet der fromme Wunsch der Obrigkeit in Vergessenheit und überhaupt: Wo kein Kläger ist, da ist auch kein Richter. Also stellte man die weiblichen Reize wieder ungeniert zur Schau, und das Geschäft boomte. Bis zu jenem folgenschweren Tag im Sommer 1956, an dem ein Urlauber aus Süddeutschland besonderen Gefal-

len an einer Ansichtskarte und den darauf abgebildeten nackten Tatsachen fand. Das war ein Urlaubsgruß so recht nach seinem Geschmack. Der Adressat aber, ein Kegelbruder, mochte die Begeisterung nicht teilen. Er fühlte sich in seinem Ehrgefühl gekränkt und reichte Beschwerde beim zuständigen Innenminister ein. So kam es im September 1956 zur Verhandlung vor dem Westerländer Amtsgericht. Und tatsächlich: Der Richter erkannte einen „Verstoß gegen das Gesetz über die Verbreitung jugendgefährdender Schriften", beschlagnahmte bei dem betreffenden Buchhändler 74 hüllenlose Ansichtskarten und verhängte eine Geldstrafe in Höhe von 30 Mark. Das letzte Wort aber war damit nicht gesprochen: Der Staatsanwalt legte Revision ein. Prompt hob das Oberlandesgericht Schleswig die umstrittene Entscheidung auf und verwies die Angelegenheit zur erneuten Verhandlung ans Westerländer Amtsgericht zurück. Das Urteil war ein salomonisches. Die gerichtlichen Bemühungen wurden eingestellt, die Ansichtskarten wieder unter die Ladentheken verbannt. Somit blieb letztendlich alles beim alten. Denn nicht allzulange fristeten die Objekte der Begierde ein Schattendasein – bald schon prangten sie wieder in den Schaufenstern und an den Kartenständern. Der Zeitgeist hatte gesiegt.

Die Nackte im Bus

Da staunten die anderen Fahrgäste nicht schlecht

„Also, als Busfahrer ist man ja wirklich einiges gewöhnt. Aber das war schon ein Ding: Da fahre ich vor ein paar Jahren ganz normal meine Tour und halte mit dem Bus in List, an der Haltestelle beim FKK-Strand. Tja, das hat so eine junge Frau wohl zu wörtlich genommen. Jedenfalls steigt sie splitternackt in den Bus ein. Die anderen Fahrgäste haben natürlich nicht schlecht gestaunt. Ich habe sie dann nett gebeten, sich doch bitte etwas überzuziehen."

(Erinnerung eines Sylter Busfahrers)

Im Überschwang der Gefühle

Zuviel Fremdenverkehr konnte böse Folgen haben

Als auf Sylt mit dem ausgehenden 19. Jahrhundert der Fremdenverkehr aufkeimte, da trieben auch die Herzensangelegenheiten so manche Blüte. Man kam sich näher, fand zusammen – und wenn es partout nicht gelingen wollte, dann mußte man dem Glück eben auf die Sprünge helfen: Erste Adresse für alle Suchenden war eine Strandburg, über der eine Fahne mit dem Aufdruck „Internationales Heiratsbureau" im Wind flatterte. Diese Strandburg – die Idee war anno 1903 der Bierlaune einiger Kurgäste entsprungen – soll in der Tat mehrere Hochzeiten gestiftet haben. Überhaupt verleiteten die unbeschwerten Urlaubstage so manchen zum – bisweilen vorschnellen – Eheversprechen. Allein im Jahr 1909 wurden in Westerland 69 Verlobungen gemeldet. Nicht alle sollen die Saison überdauert haben.

Die Sylter begegneten dem ungenierlichen Treiben mit gemischten Gefühlen. Ein alter Kapitän etwa sorgte sich um die Sylter Frauen, denen nun „die Nachstellung junger Müßiggänger aus der Stadt" drohe. Und ein Badegast bemerkte anno 1858, daß „hier viele den Einfluß fürchten, den die Leichtigkeit des neuen Gelderwerbs und der Besuch der verderbten Stadtbewohner ausüben könnte". Alle Mahnungen fruchteten wenig – und die Folgen blieben nicht aus. „Vor allem bei Zimmermädchen, Kellnern und Köchen, die in Kontakt mit den Gästen standen, sind oft fortgeschrittene Stadien von Geschlechtskrankheiten festgestellt worden", monierte der „Generalverwaltungsbericht" der Bäder Westerland und Wenningstedt.

Ellen Mannis läßt alle Hüllen fallen

FKK wider Willen

„Unter allen Umständen bade man im Meere nackt. Denn Kleider hindern, auch wenn sie noch so dünn sind, die wohltuende Wirkung des Wellenschlags." Diese Empfehlung hatte der Westerländer Badearzt Otto Jenner bereits in der Mitte des vorigen Jahrhunderts ausgesprochen, und doch brauchte es noch ein ganzes Jahrhundert, ehe in Westerland 1954 der erste offizielle FKK-Strand eröffnet wurde und sich die Freikörperkultur gegen die Prüderie endgültig durchgesetzt hatte. Seitdem liegt das nahtlose Bräunen und Baden voll im Trend: Zwei von drei Sylt-Gästen lassen im Urlaub mindestens einmal die Hüllen fallen.

Um die erste – wenngleich etwas unfreiwillige – FKK-Anhängerin rankt sich eine schöne Anekdote. Die Sache hat sich zu jener Zeit ereignet, als die Sylter die Küste noch regelmäßig nach nützlichem Strandgut absuchten – sehr zum Leidwesen der gestrengen Strandvögte. Die hatten vor allem dann alle Hände voll zu tun, wenn im Sturm ein Schiff gesunken war und die Ladung an den Strand trieb. So dümpelten im Wasser eines Tages Fässer mit Butter, begehrte Beute für die Strandläufer. Unter denen war auch Ellen Mannis aus Rantum. Sie plagte sich gerade mit einem Faß ab, das sie zu den Dünen zu rollen versuchte, als in der Ferne der Strandvogt auftauchte. Nun war guter Rat teuer. Doch sagt man den Sylter Frauen nicht von ungefähr ein gewitztes Wesen nach, und so besann sich Ellen Mannis auf das Naheliegende: Sie entblößte sich und breitete die Kleider über das Faß aus. Prompt blieb der Strandvogt in achtungsvoller Entfernung stehen und rief ihr zu: „Ellen Mannis, was treibst Du da?" Die Angesprochene aber erwiderte unschuldsvoll: „Nun, ich gedenke ein Sonnenbad zu nehmen." Darauf zog sich der Strandvogt sittsam zurück, und Ellen Mannis brachte ihr Butterfaß in Sicherheit.

Sturmangriff mit Fallobst

So vertrieben die Nudisten neugierige Spanner

„Als 1954 in Westerland der erste offizielle FKK-Strand eröffnet wurde, war das natürlich eine unerhörte Besonderheit. Man war ja damals eher schamhaft. Ich weiß noch, wie wir als Kinder an dem Schild, das den FKK-Strand vom Textilstrand abtrennte, ehrfürchtig stehengeblieben sind und neugierig Ausschau hielten. Es hat sich damals auch eine ungewöhnliche Begebenheit ereignet, die für eine Menge Aufsehen sorgte. Es gab da nämlich einige Fischer, die im Nebenerwerb mit ihren Booten Touristen an der Westküste von Sylt entlangschipperten. Das waren praktisch die Vorläufer der heutigen Ausflugsschiffe. Es sprach sich mit der Zeit hinter vorgehaltener Hand herum, daß einige dieser Fischer besonders dicht am FKK-Strand vorbeifuhren, was für viele Touristen eine Attraktion war. Den Nackten paßte das überhaupt nicht. Und so deckten sie sich eines Tages bei den Sylter Obst- und Gemüsehändlern reichlich ein. Als wieder mal ein Boot dem FKK-Strand verdächtig nahe kam, sprangen die Nackten in ihre Schlauchboote und auf Luftmatratzen, paddelten zu dem Fischerboot und bewarfen die Touristen nicht zu knapp mit faulem Obst und matschigen Tomaten. Das gab natürlich mächtig Ärger. Die Fischerboote hielten danach einen respektvollen Abstand zum FKK-Strand, später wurden die Ausflugsfahrten dann ganz eingestellt."

(Aus den Kindheitserinnerungen eines Westerländers)

Begehrter Job: Der Posten des Westerländer Bademeisters

Allein unter Nackten

Westerland sucht einen Aufseher für den FKK-Strand

Diese Stellenausschreibung ging um die halbe Welt: Kaum hatte der Westerländer Strandaufseher Sievers 1952 seinen Job gekündigt, weil er die Schiffahrt den nackten Tatsachen vorzog, da wurde die Kurverwaltung auch schon mit einer wahren Flut von Bewerbungen eingedeckt. Da fragt man sich: Was um Himmels willen macht den Posten eines Strandaufsehers so attraktiv? Eigentlich nichts – wenn, ja wenn Sievers nicht in einem besonders reizvollen Umfeld gearbeitet hätte. Denn sein Strandabschnitt war der FKK-Bereich, und FKK, das war seinerzeit noch eine ganz schön aufregende Sache. Die Presse schnappte die Meldung jedenfalls auf, und schnell verbreitete sie sich quer durch Deutschland, dann durch Europa, und zu guter Letzt schwappte sie noch über den großen Teich bis nach Amerika. Es brauchte nur wenige Tage, da waren schon 200 Bewerbungen eingetrudelt. Bayern und Berliner boten sich an, auch zwölf Franzosen hielten sich für den Posten unbedingt geeignet, ja, sogar ein Inder

empfahl sich (die Luftpost hatte er „An den Stadtrat der Nudistengemeinde in Westerland" adressiert). Den Zuschlag erhielt dann aber doch ein Sylter – im übrigen der einzige Bewerber von der Insel.

Was ein Aufseher am FKK-Strand zu tun hatte, möchten Sie wissen? Vor allem mußte er, der das Privileg genoß, als einzig Bekleideter unter den Nackten weilen zu dürfen, mit scharfem Blick Ausschau halten. Insbesondere die Dünenkante behielt der Wächter gut im Auge, denn nur allzugern verschanzten sich dort Lüstlinge mit ihren Ferngläsern. Wehe dem, der erwischt wurde: Dann wurden die Nudisten rabiat, und mehr als einmal mußte ein solcher Spanner zur Abkühlung ein unfreiwilliges Bad in der Nordsee nehmen. Schlecht soll es auch jenem jungen Mann ergangen sein, der eigentlich ganz harmlos aussah. Bis die Nudisten zufällig sein Kofferradio enttarnten – und die eingebaute Kamera entdeckten.

Sylter Superlative

Der Überflieger

Von List um die Welt

Als am 10. November des Jahres 1932 ein Flugboot vom Typ „Dornier Wal" mit seinen Kufen sanft auf dem Bodensee aufsetzt, geht für den Piloten und seine Crew eine lange Reise zu Ende. Vier Monate zuvor ist man in List auf Sylt zum Flug um die Welt gestartet und jetzt, nach bald 45000 Kilometern, endlich am Ziel. Das Abenteuer ist vorbei, der Pilot aber hat sich mit diesem Meisterstück ein Denkmal gesetzt.

Jeder Mensch hat einen Traum. Auch der junge Leutnant Wolfgang von Gronau, der im Ersten Weltkrieg bei der Kaiserlichen Marine dient. „Eines Tages", sinnt der ehrgeizige Offizier, der es noch bis zum Generalmajor bringen soll, „werde ich nach New York fliegen." Die Prophezeiung erfüllt sich im Jahr 1930. Wolfgang von Gronau leitet nun die Verkehrsfliegerschule in List, und sein Auftrag am 18. August dieses Jahres lautet: „Fliegen Sie mit Ihrer Maschine das Nordkap an und kehren Sie dann nach List zurück." Als die zweimotorige „Dornier Wal D 1422", mit der zuvor der bekannte Forscher Roald Amundsen eine Nordpol-Expedition unternommen hatte, in die Wolken aufsteigt, wissen auch die drei Kameraden an Bord nicht, daß von Gronau seine eigene Reiseroute ausgearbeitet hat. In Island stellt er der Besatzung die Gretchenfrage: „Ich will weiter nach New York. Fliegt Ihr mit?" Kopilot Eduard Zimmer, Funker Fritz Albrecht und Bordwart Franz Hack nicken – und der Verkehrsminister tobt: Lapidar hatte von Gronau nach Berlin gekabelt: „Fliegen, dortiges Einverständnis vorausgesetzt, über Grönland nach USA." 150 Kilometer schafft das „Dornier"-Flugboot in der Stunde. Nach 44 Stunden, 25 Minuten und 6800 Flugkilometern landet die Maschine im Hafen von New York. Wolfgang von Gronau, überglücklich und hundemüde, strahlt: „Der Traum meines Lebens ist Wirklichkeit geworden." Der amerikanische Präsident empfängt ihn im Weißen Haus, und auch die deutsche Regierung gratuliert nun dem kühnen Flieger.

Zwei Jahre später stellt sich von Gronau einer neuen Herausforderung: Ein Flug um die ganze Welt soll es diesmal sein. Als er am 24. November 1932, zwei Wochen nach der Landung auf dem Bodensee, zum Ausgangspunkt seiner Weltreise zurückkehrt, bereiten ihm die Sylter einen begeisterten Empfang und begrüßen den Pionier der Lüfte am Lister Hafen mit einem dreifachen „Hurra". Der Musikverein spielt einen Marsch, und die Schulkinder singen folgerichtig „Kommt ein Vogel geflogen". Der Gemeindevorsteher spricht anerkennende Worte, bunte Girlanden flattern lustig im Wind.

Die Gemeinde List verleiht Wolfgang von Gronau 1932 die Ehrenbürgerschaft, was sie nicht nur zur Verleihung einer Urkunde und der Zahlung von 50 Reichsmark verpflichtet, sondern auch zu einem unentgeltlichen Begräbnis. Seit 1977 ruht der Lister Flugpionier auf dem kleinen Friedhof inmitten der Lister Dünen. Wenn auch die Von-Gronau-Straße in Westerland mittlerweile in Rote-Kreuz-Straße umbenannt wurde, so ist der Tote doch nicht vergessen: Am Lister Hafen legt eine Gedenktafel beredtes Zeugnis seiner Taten ab, und im „Guinness-Buch der Rekorde" hat er durch seinen Flug nach New York das ewige Superlativ „Die erste Ost-West-Atlantiküberquerung mit einem Flugboot" erworben.

Rekordversuch geglückt: Wolfgang von Gronau (zweiter von rechts) mit Crew nach der Landung.

Hier rollt die Kugel – und der Rubel

Deutschlands kleinste Spielbank steht in Westerland

Gleich nach Kriegsende, nämlich im Jahr 1949, wurde die Spielbank im Westerländer Rathaus eröffnet. Seitdem versuchen Urlauber ihr Glück beim Roulette, beim Black Jack und neuerdings auch an Spielautomaten. Sogar eine Dependance gibt es inzwischen, das Strandcasino auf der Promenade – und hier läßt die Kleiderordnung statt Anzug und Krawatte auch Badeanzug und Sandalen zu. Fortuna ist bekanntlich eine launische Dame, und meistens gewinnt die Bank, doch manchmal kommt es auch anders: Den größten Verlust erlitt die Spielbank am 28. Juli 1979, als ein Spieler an einem Abend rund 110000 Mark gewann. Die Spielbank Sylt hat auch im „Guinness-Buch der Rekorde" einen Platz gefunden – nicht als nördlichste, sondern als kleinste deutsche Spielbank, die ganzjährig geöffnet ist.

Auf der Jagd nach Rekorden

Wenningstedt: Hochburg der Segelflieger

Kann der Mensch frei wie ein Vogel sein? Die Segelflieger am Wenningstedter Kliff belegten diese fragwürdige These jedenfalls mit eindrucksvollen Rekorden. Bis zu 40 Stunden schwebten sie in der Luft – ohne Motor oder sonstige Hilfsmittel. Einzig die Thermik hielt die Maschinen oben.

Zum ersten Mal hoben die Sylter Segelflieger 1928 von den Lister Wanderdünen ab. Da es aber noch keine Straße nach List gab, mußten die Flugzeuge mit der Inselbahn ins Listland gebracht und dann quer durch die Dünen bis zum Startpunkt geschleppt werden. In den 30er Jahren avancierte Wenningstedt zur Hochburg der Segelflieger. Vom April bis in den November eines jeden Jahres wurden hier Lehrgänge abgehalten, an denen jeweils 100 bis 120 Flugschüler aus mehreren Nationen teilnahmen. 20 Segelflugzeuge standen ihnen zur Verfügung. Durch die kräftigen Aufwinde stiegen die Maschinen bis zu 200 Meter empor und manchmal sogar noch ein ganzes Stück höher: 1933 wurde bei einem Wettbewerb die

Mit Muskelkraft und Seilwinden wurden die Segelflugzeuge übers Kliff katapultiert.

außergewöhnliche Flughöhe von 1070 Metern registriert. Meist erst nach ein paar Stunden landeten die Flieger unten am Strand. Dann mußten die Maschinen mit Seilzügen mühevoll das Kliff heraufgezogen werden, ehe man sie mit einem überdimensionalen Gummiband erneut über die Kliffkante katapultieren konnte. Das klappte nicht immer ganz reibungslos: So verfehlte 1937 ein doppelsitziges Segelflugzeug den Landeplatz am Strand und pflügte durch die Brandung. Mit größter Kraftanstrengung gelang es den beiden Piloten, das Flugzeug bis zum Einsetzen der Ebbe mehrere Stunden lang festzuhalten und dadurch ein Abtreiben der Maschine ins offene Meer zu verhindern.

In Wenningstedt wurden herausragende Rekorde aufgestellt. 1937 schwebte eine zierliche Dame namens Feodora „Dolly" Schmidt mit dem Segelflugzeug einen Tag und eine Nacht über der Insel, exakt 23 Stunden und 42 Minuten - das war neuer Weltrekord der Damen. 1934 mußte Willi Gutsche seinen Rekordversuch nach 22 Stunden abbrechen, weil eine Sturmflut einsetzte. Einige Jahre später verlor Gutsche - wieder auf der Jagd nach neuen Rekorden - beim Absturz seiner Maschine beide Beine. Mehr Glück war Ernst Jachtmann beschieden: Mit seinem Flugzeug vom Typ „Grunau-Baby II" stellte er am 29. Mai 1937 einen phänomenalen Weltrekord auf. 40 Stunden und 55 Minuten hatte er auf einem ungepolsterten Sperrholzsitz ausgeharrt, ohne ausreichend Verpflegung und ungeschützt im offenen Cockpit - ein Rekord, der den Rekordhalter selbst am meisten überraschte: „Eine Tafel Schokolade, zwei mit Butter und Wurst bestrichene Scheiben Brot sollten das Mittagessen ersetzen, falls der Wind einen Segelflug über Mittag gestatten würde. Ein Stück trockenes Brot steckte ich als Möwenfutter in die Tasche, nicht ahnend, daß das Brot und die Schokolade eine volle Tagesverpflegung werden sollten", erinnert sich Ernst Jachtmann zurück. Das war die Zeit der tollkühnen Männer in ihren fliegenden Kisten.

Lernen im Leuchtturm

Deutschlands kleinste Schule stand in Hörnum

Eine Schule mit Meeresblick: Diesen besonderen Vorzug durften die Hörnumer Kinder sechs Jahre lang, von 1927 bis 1933, genießen. Ein Klassenzimmer im Leuchtturm – das war schon einmalig. Eine größere Schule brauchte man auch nicht, denn damals war Hörnum noch ein recht verschlafenes Nest mit kaum zwei Dutzend Einwohnern. Außer dem 1907 erbauten Leuchtturm, der Schiffsanlegestelle und dem kleinen Bahnhof der Inselbahn gab es nicht viel zu sehen. Das Dorf zählte gerade acht Häuser, die Einwohner lebten in Abgeschiedenheit und waren genügsam: „Die Inselbahn kommt einmal in der Woche und bringt uns mit, was wir zum Leben brauchen."

Jeden Morgen also stapften die neunjährige Tochter des Leuchtturmwärters und zwei Mitschüler die Düne zum Leuchtturm hinauf und erklommen die Wendeltreppe, die an den Maschinenräumen vorbei nach oben führte. In 30 Metern Höhe, dort, wo man im Außenanstrich des Leuchtturms den weißen Ring sieht, erwartete Lehrer Walter Merten im runden Klassenzimmer schon seine Schüler. Sich zu konzentrieren, das fiel den Kindern nicht immer leicht. Wenn sich am Horizont ein Schiff zeigte, dann schweiften die Blicke von den Schulbüchern in die Ferne. „Im Sommer sind die Dampfer an der Landungsbrücke immer wieder von neuem sehenswert. Im Winter kommt keiner, aber langweilig ist es trotzdem niemals", notierte Lehrer Merten.

Hinter dem weißen Ring im Hörnumer Leuchtturm verbarg sich Anfang der 30er Jahre Deutschlands kleinste Schule.

Es sollen nicht die schlechtesten Schüler gewesen sein, die Deutschlands kleinster Schule entstiegen. Zudem hatte ihre Schulzeit noch einen großen Vorteil: Vor einer Strafe brauchten die Kinder keine Angst zu haben – der Lehrer konnte ja keinen in die Ecke stellen.

Eine Frau
steht ihren Mann

Deutschlands erste Zahnärztin stammte aus Westerland

An allen deutschen Universitäten wurde sie abgewiesen. Erst ein Studium in den USA ebnete ihr den beruflichen Weg. Doch selbst als ihre Zahnarztpraxis schon längst florierte, wurde sie noch immer mit Argwohn betrachtet. Dabei hatte sich Dr. Henriette Hirschfeldt nur eines Vergehens schuldig gemacht: des Einbruchs in eine Männerdomäne.

Anno 1834 erblickte sie als Tochter eines Pastors in Westerland das Licht der Welt. Im Alter von 19 Jahren heiratete sie, doch verstarb ihr Mann bereits kurze Zeit später. Die junge Frau entschloß sich, einen Beruf zu erlernen. Sie arbeitete in der Praxis eines Berliner Zahnarztes und fand daran Gefallen. „Als junges Mädchen", erzählte Henriette Hirschfeldt, „bin ich soviel von Zahnärzten gequält worden, daß ich mir sagte: Das muß man doch besser machen können." Allein: Ein Studium an einer deutschen Universität blieb ihr als Frau verwehrt. Erst der Rat eines Amerikaners, in den USA Zahnheilkunde zu studieren, brachte den entscheidenden Impuls. In Philadelphia legte die gebürtige Sylterin nach zweijährigem Studium das Examen mit der Note Eins ab. „Freilich wurde es mir zuerst sehr schwer, so allein mit all den Männern in den Vorlesungen zu sein oder in dem großen Klinikraum, von allen umstanden und beobachtet, zu operieren." Nach ihrem Studium bereiste Henriette Hirschfeldt einen großen Teil der Vereinigten Staaten und wurde dabei sogar vom amerikanischen Präsidenten Grant empfangen, ehe sie 1869

nach Berlin zurückkehrte, wo sie in der Behrensstraße als erste deutsche Zahnärztin eine Praxis eröffnete. Frauen und Kinder waren ihre Patienten. Die Männer aber machten um das Haus Nummer 9 einen großen Bogen.

Das Wattenmeer – eine Millionenmetropole

Diese Lebensdichte ist außergewöhnlich

Östlich der Insel Sylt erstreckt sich weithin eine außergewöhnliche Landschaft, deren Gesicht vom Rhyth-mus der Gezeiten bestimmt wird. Das Watten-meer an der Nordseeküste ist neben dem alpinen Hoch-gebirge die letzte großräumige Landschaft Mittel-europas. Weil das schleswig-holsteinische Wat-tenmeer einen einzigartigen Lebensraum für viele Tier- und Pflanzenarten darstellt, wurde es 1985 zum Nationalpark erklärt. Nach den Nationalparks Baye-rischer Wald und Berchtesgarden ist dies der dritte in den alten Bundesländern.

In dem Schlickboden des Wattenmeers, der bei Ebbe freiliegt und alle zwölf Stunden von der Flut überspült wird, verbirgt sich eine außergewöhnliche Lebensdichte. Auf nur einem Quadratmeter Watt-boden leben bis zu 300000 winzige Wattschnecken, 500000 Seepocken und viele andere Individuen – insgesamt bis zu zwei Millionen Organismen. Nur we-nige Lebensräume auf der Erde weisen eine ähnli-che Lebensdichte auf.

Weithin erstreckt sich östlich von Sylt der „Nationalpark Wattenmeer".

Der Mega-Marathon
Einmal quer durch die Republik

Ob sich die Braut die Flitterwochen so vorgestellt hatte? Ein frischgebackenes Ehepaar unternahm im Sommer 1973 eine Wanderung, die in List begann und erst nach 1500 Kilometern im bayerischen Oberstdorf endete. Fast ein Vierteljahrhundert später, im Sommer 1997, legten drei Langläufer eine bald ebenso lange Strecke in umgekehrter Richtung zurück: Mit schnellem Schritt durchquerten Karsten Dittberner, Joachim Kaufmann und Jobst von Palombini eine 1252 Kilometer lange Distanz von der Zugspitze bis nach List. Im Laufe von 24 Tagen hatte das Trio 259 Städte und Ortschaften passiert. Der Mega-Marathon sollte auf das Schicksal krebskranker Kinder aufmerksam machen.

11111 Gläser in Reih und Glied
Das war die längste Saftbar der Welt

Einen Tag lang avancierte Westerlands Flanierstraße zur längsten Saftmeile der Welt: Ehrgeizige Gastronomen hatten den Plan gefaßt, in der Friedrichstraße einen Mammut-Tresen aufzubauen. Am 9. Juni 1991 war es soweit: Stolze 671 Meter maß die Saftbar. 11111 Gläser – 2200 Liter Orangensaft wurden eingeschenkt – bildeten eine schier endlose Reihe. Und über allem schwebte ein Flugzeug mit einem flatternden Spruchband, das den Weltrekord verkündete. Allein, schon ein Jahr später wurde die Meisterleistung überboten: Eidgenossen in der Schweiz hatten eine 790 Meter lange Bar aufgebaut.

Dem Durst keine Chance: Quer durch die Friedrichstraße zog sich die längste Saftbar der Welt.

76 Stunden am Mikrofon

Ein Radiomoderator macht Überstunden

Am Ende wankte der Radiomoderator ins Bett. Sichtlich erschöpft, aber ebenso stolz. Soeben hatte er einen neuen Weltrekord aufgestellt. Drei Tage zuvor, am Morgen des 6. September 1994, hatte es sich Jan Malte Andresen, Moderator des schleswig-holsteinischen Radiosenders „delta Radio", in seinem provisorischen Studio in einem Wenningstedter Restaurant bequem gemacht. 76 Stunden später, am Mittag des 9. September, war seine längste Schicht vorbei. Der bestehende Rekord im Dauermoderieren war um ganze sieben Stunden überboten worden – neuer Weltrekord!

Lediglich ganz knapp bemessene Ruhe- und Schlafpausen waren während des Rekordversuchs gestattet. Vor allem zwei Dinge hielten den Moderator wach. Das waren zum einen ungezählte Tassen Kaffee, zum anderen die unermüdlichen Durchhalteparolen der Hörer: Nicht nur vor Ort feuerten sie Jan Malte Andresen an: In der Kieler Zentrale des Radiosenders waren die Telefon- und Faxleitungen zeitweilig völlig überlastet.

Der Meister der Miniaturen

Ein Automodell, zehnfach so teuer wie das Original

Er ist der Filigrankünstler unter den Sylter Kunstschaffenden. Wenn sich der Kampener Grafiker Nick Bock an die Arbeit macht, dann entstehen unter seinen Händen kleine Kunstwerke in verblüffender Detailtreue. Legendär sind seine Sylter Haustüren, die er im Maßstab 1:10 nachgebaut hat. Wohlgemerkt: in Originalmaterialien und identisch bis in die kleinste Einzelheit. Wenn etwa der Türklopfer des großen Vorbilds Rostflecken hat, dann sind sie beim Nachbau an gleicher Stelle zu finden. Bisweilen trieb

die Perfektion den akribischen Künstler fast in den Wahnsinn. Nick Bock erinnert sich da an eine Tür, über der ein Segelschiff in Hinterglasmalerei prangte. Nun also mußte das Schiff maßstabsgerecht in Briefmarkengröße hinter Glas gemalt werden. „Das war vielleicht eine Prozedur", erinnert sich Bock entnervt. „Ich habe einen Pinsel genommen, alle Haare bis auf zwei ausgerissen, und dazwischen klebte dann die Farbe." Nicht anders ging der Filigrankünstler bei den Oldtimern ans Werk, die er im Maßstab 1:8 imitierte – natürlich mit Sitzen aus feinstem Leder, Armaturen aus Mahagoni und Beschlägen aus Sterling-Silber. Bloß ein unerfüllter Traum plagt den Mittfünfziger seit Jahren: Zu gern würde er die komplette Häuserfront des Canale Grande in Venedig einmal nachbauen. Jedoch: Bei einer geschätzten Bauzeit von fünf Jahren würden Material- und Arbeitskosten in sechsstelliger Höhe anfallen – und dafür hat sich bis dato noch kein Auftraggeber gefunden.

Der große Coup aber gelang Nick Bock bereits 1988 – was ihm im legendären „Guinness-Buch der Rekorde" in der Rubrik „Das teuerste Modellauto" einen festen Platz einbrachte. Seinerzeit baute Bock im Auftrag eines Düsseldorfer Schmuckhändlers einen kleinen Porsche „356 A-Speedster". Nach 1300 Arbeitsstunden war das 40 Zentimeter lange und 5,5 Kilogramm schwere Modell fertig.

Ein Kilo Silber, ein Pfund gelben Bernstein und vier Kilo – sehr seltenen – blauen Bernstein aus der Dominikanischen Republik hatte Nick Bock in der Nachbildung verarbeitet. Der reine Materialwert des kleinen Flitzers lag bei etwa 300000 Mark. Der Liebhaberwert liegt inzwischen bei einer Million – bald zehnmal so teuer wie das Original!

Die Enklave auf dem Ellenbogen

Wohnen im nördlichsten Haus Deutschlands

Vermutlich haben Sie schon mal einen Spaziergang um den Lister Ellenbogen unternommen. Wahrscheinlich ist Ihnen dabei aber gar nicht bewußt geworden, daß Sie - zumindest für einige Minuten - Rekordhalter waren. Denn schließlich standen Sie am nördlichsten Punkt der Republik und waren den restlichen 80 Millionen Deutschen somit ein paar Längen voraus. Natürlich haben die findigen Sylter längst erkannt, daß sich dieses Superlativ gut vermarkten läßt, und so werben in List „Die nördlichste Kneipe Deutschlands" und „Die nördlichste Fischbude Deutschlands" um die Gunst der Gäste, legt bei Festen „Deutschlands nördlichster Discjockey" heiße Scheiben auf, und auch anderweitig findet sich im Norden ganz oben so manches Nonplusultra. Dazu zählt auch das nördlichste bewohnte Haus in Deutschland. Es ist das „Leuchtfeuergehöft West" unterhalb des Leuchtturms, anno 1871 als Wohnhaus für den Leuchtturmwärter erbaut. Aus dem Fenster streift der Blick über Dünen, soweit das Auge reicht. Nur einen Steinwurf entfernt brandet das Meer an den Strand. Das nächste Ge-bäude liegt ein geraumes Stück entfernt. „Es ist ein Paradies", sagt die Inhaberin, und das meinen auch ihre Gäste, die hier „ganz gezielt die Ruhe suchen". Ansonsten kommt nur der Briefträger hierher, und manchmal klopft ein verirrter Wanderer an die Tür, der die Orientierung verloren hat in der weiten, unwirtlichen Dünenlandschaft des Ellenbogens. Das ist auch schon einmal nachts vorgekommen, mitleidsvoll hat die junge Frau den späten Gast mit dem Auto in den Ort gefahren. Dann gibt es auch Tage, an denen ist das „Leuchtfeuergehöft West" vom Rest der Welt abgeschnitten. So war es zum Beispiel zum Jahreswechsel 1995/96, als meterhohe Schneeverwehungen die Straße vor dem Haus blockierten und die Gäste in der Ferienwohnung auf ihren gepackten Koffern saßen und doch nicht abreisen konnten. Erst nach ein paar Tagen bahnte sich ein Schneepflug seinen Weg zu dem einsamen Gehöft. Ohnehin übt der Winter an diesem Ort eine ganz besondere Faszination aus. An manchen Tagen bewegt sich ringsherum fast nichts. Dann scheint die Welt stillzustehen.

Auf Sylt ist alles anders

Am liebsten oben ohne

Doppelt praktisch: Die Klöntür

Das alte Sylter Haus, wie man es in den Inseldörfern heute noch findet, weist einige typische Besonderheiten auf, von denen das reetgedeckte Dach die augenscheinlichste ist. Vereinzelt haben sich auch die „Klöntüren" erhalten. Diese Türen sind zweigeteilt, man kann also nach Belieben die ganze Tür oder aber nur die obere Hälfte öffnen. Eine Klöntür erfüllte zunächst einmal einen ganz praktischen Zweck: In früheren Zeiten lebten Mensch und Tier unter einem Dach, waren Wohnbereich und Wirtschaftstrakt nur durch den Flur getrennt. Damit nun die Tiere nicht hinausliefen, wenn die Haustür zur Luftzirkulation geöffnet wurde, entwickelte man die zweigeteilte Klöntür. Ihren Namen bekam sie schließlich daher, daß sich bald ein angenehmer Nebeneffekt einstellte: Zum zwanglosen Plausch – dem Klönschnack – lehnten sich die Sylter gern durch das geöffnete Oberteil der Tür hinaus.

Lange Nächte
in kurzen Betten

Geschlafen wurde halb im Sitzen

Wer das „Altfriesische Haus" in Keitum besucht, dem wird beim Rundgang ein Schrankbett auffallen. Was heute nur noch ein museales Relikt darstellt, fand sich früher in jedem Haus. Die Schrankbetten – Alkoven genannt – waren in der Wand der Wohnstube eingelassen und boten Platz für mehrere Personen. Um den kostbaren Kerzenwachs zu sparen, ging man in der dunklen Jahreszeit zeitig ins Bett. Die Schlafweise war vergleichsweise unbequem: In den nur etwa 1,70 Meter langen Betten nächtigte man halb aufgerichtet mit vielen Kissen im Rücken. Zwei Erwachsene oder mehrere Kinder schliefen gemeinsam in einem solchen Schrankbett und wärmten sich gegenseitig. Denn eine Heizung gab es ja noch nicht, lediglich mit heißem Sand oder heißer Asche gefüllte Bettpfannen, zwischen Laken und Oberbett geschoben, wärmten die Betten vor. Im Alkoven baumelte üblicherweise auch ein Bettband, an dem man sich morgens aufrichten konnte. Und dann besaßen die Schrankbetten noch einen äußerst praktischen Vorteil: Wenn man seine Ruhe haben wollte, zog man einfach die schwenkbaren Türen zu.

Im Keitumer Museum ist dieser originalgetreue Alkoven zu besichtigen.

„Einen getroffen – einen gesoffen!"

Jagd auf den Seehund

Wer könnte sich beim Anblick der poussierlichen Seehunde mit ihren treuen Knopfaugen schon vorstellen, daß Sylter und Gäste früher aus reinem Vergnügen auf diese liebenswerten Tiere Jagd machten? Bis vor wenigen Jahrzehnten stellte die Seehundsjagd für die Sommerfrischler eine besondere Attraktion dar. „In Munkmarsch, List und Hörnum werden jetzt die Kutter aufgeklart, die Büchsen schußbereit gemacht. Die Jagdzeit beginnt am 15. Juli!", vermeldete die „Sylter Kurzeitung" im Sommer 1952. Abschüsse wurden sogar öffentlich bekanntgegeben. Aus einer Zeitung des Jahres 1958: „Der Seehund-Jagdführer aus List berichtete uns von zwei weiteren erfolgreichen Jagden. Zwei Robben konnte der Fabrikant Voigt aus Warendorf erlegen; je einen Abschuß erzielten Dr. Becker aus Frankfurt, Kaufmann Derkel aus Fulda, Kaufmann Hammel aus Fulda, Hofbesitzer Jakobsen aus Mielkendorf, Polizeioberrat Wiegand aus Hannover und Zahnarzt Michalke aus Berlin."

Bis in die 70er Jahre des vorigen Jahrhunderts hinein ging man bei der Seehundsjagd nach Art der arktischen Robbenschlägerei vor: Die Jäger schlichen sich möglichst nahe an die auf Sandbänken ruhenden Seehunde heran, sprangen dann auf und erschlugen die arglosen Tiere mit Knüppeln. Ab etwa 1880 bürgerte sich die sogenannte Lockjagd ein. Dabei kam es allein auf die Geschicklichkeit des Jägers an, der sich im Tarnanzug flach auf eine Sandbank legte und die in der Nähe schwimmenden Seehunde dadurch anlockte, daß er sich wie ein Artgenosse benahm. „Eine gute Nachahmung des Robbens und Bellens der Seehunde ist notwendige Voraussetzung. Geht man dabei nicht geschickt genug vor, sind die Tiere im nächsten Augenblick im Meer verschwunden", erklärte ein Seehundsjäger. Kamen die neugierigen Tiere schließlich auf die Sandbank gerobbt, setzte ein wohlgezielter Schuß ihrem Leben ein jähes Ende. Wieder im Hafen angelangt, befolgten die erfolgreichen Schützen nur allzugern die ebenso gängige wie makabre Devise ihrer Zunft: „Einen getroffen – einen gesoffen!"

Delikatessen aus den Dünen

Klein, aber fein: Möweneier

„Daß man auch die Eier von Möwen essen kann und daß sie köstlich munden, das lernte ich auf Sylt", vertraute der berühmte Komponist Richard Strauss einmal einem Freund an. Und ein anderer Gast schwärmte: „Es war schon etwas Besonderes, als an Stelle der üblichen Hühnereier diese schönen, schwarz-grün getupften Eier im Korb auf dem Frühstückstisch standen. Seit jener Zeit sind Möweneier, die wir am liebsten gekocht und mit frischer Butter, Sellerie und Brunnenkresse als Vorgericht essen, ein Stück sonniger Ferienmorgen in Westerland."

In der Zeit zwischen April und Juni legen die Möwen ihre Eier. Dann durchstreiften die Sylter in großer Zahl die Dünen und sammelten die Eier ein – übrigens taten sie das noch bis weit in unser Jahrhundert hinein. Da Möwen, wenn man ihnen die Eier fortnimmt, noch zwei weitere Gelege ausbringen, konnten die Sammler pro Brutpaar meist sechs Eier ernten, ohne den Bestand der Vögel zu gefährden. Oftmals mußten sich die Sylter dabei fremder Eier-

sammler erwehren, die von den Nachbarinseln herüberkamen. „Die Bewohner wählten daher einen Eierkönig, dem das Dünengebiet zum Tag- und Nachtquartier diente und dem es oblag, nachzusehen, wo die Vögel nisten. Von welcher Bedeutung das Gewerbe des Eiersuchens war, möge man auch daraus entnehmen, daß jährlich 30000 bis 50000 Stück Eier nach dem Festlande überführt wurden", vermerkte ein Zeitgenosse im vergangenen Jahrhundert. Und in einem Bericht aus dem Jahre 1927 ist nachzulesen, daß Möweneier für 50 Pfennige pro Stück in Westerland verkauft wurden.

Noch heute sammeln einige Sylter im Frühsommer Möweneier und verzehren sie. Wie aber schmecken die kleinen, gesprenkelten Eier? „Das Möwenei hat einen ganz leichten Meeresgeschmack, ähnlich dem frischer Austern", begeistert sich ein Genießer. Übrigens: Profis verspeisen locker ein Dutzend gekochte Eier. Aus der hohlen Hand. Denn Eierbecher sind unter Kennern verpönt.

Gruß aus den Bergen

Auch an der Nordsee gedeiht der Enzian

Jeder siebte Quadratmeter Sylter Boden ist Landschaftsschutzgebiet, und jeder vierte Quadratmeter steht unter Naturschutz. Zusammen macht das rund 40 Prozent der Inselfläche aus. Auf Sylt hat die Landschaft viele Gesichter und bietet Lebensraum für eine große Anzahl Pflanzenarten, darunter so seltene Gewächse wie die Stranddistel, das Gefleckte Knabenkraut oder der Sonnentau. Und – man mag's kaum glauben – sogar der Enzian fühlt sich auf Sylt heimisch. Diese botanische Kostbarkeit, die in den feuchten Heidesenken rund um Braderup und Morsum gedeiht, ist hier sogar in stattlicher Zahl vertreten: Rund 200 Pflanzen wachsen in der Braderuper Hei-

de, gar 3000 sind es rund ums Morsum-Kliff. Der Lungenenzian, der eine Höhe von 15 bis 40 Zentimetern erreicht, steht unter strengem Naturschutz. Wer genau hinschaut, der kann vom Wegesrand aus hier und da ein zartes Blau im roten Heidekraut sprießen sehen – freilich nur zur Blütezeit im August. Sorgsam wachen die Naturschützer dann darüber, daß kein Wanderer vom rechten Pfad abkommt. Schließlich soll den Enzianen nicht das gleiche Schicksal blühen wie schon so einigen ihrer Artgenossen in den Alpen: Statt in Gottes freier Natur hauchten sie ihr Leben geplättet zwischen den Buchdeckeln eines Fotoalbums aus.

Im Vordergrund das Morsum-Kliff; dahinter erstreckt sich weite Heidelandschaft, in der sogar Enzian gedeiht.

Ein Gruß – zu jeder Stunde

Mit einem „Moin" liegt man immer richtig

Gewöhnen Sie sich am besten gleich daran: Auf Sylt wird man rund um die Uhr mit einem herzhaften „Moin" begrüßt, und wer da zur Antwort ein fröhliches „Guten Tag" flötet oder mit einem sonoren „Grüß Gott" eintritt, outet sich sofort als Sylt-Neuling. Ein wenig verwässert hat sich hingegen die alte Sitte, Fremde mit „Moin", gute Bekannte aber

mit „Moin, moin" zu grüßen. Der Begriff „Moin" leitet sich im übrigen nicht – wie viele Urlauber fälschlich annehmen – von „Guten Morgen" ab, sondern entspringt der skandinavischen Seefahrertradition: „Mojen Wind" – „Guten Wind" – wünschten sich früher die Seeleute.

Silvester knallen nur die Champagnerkorken

Feuerwerk ist auf Sylt streng verboten

Gehört der Vergangenheit an: Feuerwerk auf Sylt

Zum Ende eines jeden Jahres erscheint in der „Sylter Tageszeitung" eine schlichte Annonce mit brisantem Inhalt. „Aufgrund der Verordnung zum Sprengstoffgesetz", heißt es da, „wird auf Sylt allgemeinverbindlich das Verbot angeordnet, pyrotechnische Gegenstände der Klasse II am 31. Dezember und 1. Januar abzubrennen. Verstöße gegen diese Anordnung können als Ordnungswidrigkeit mit Geldbußen bis zu 10000 DM geahndet werden." Bereits seit 1980 ist das traditionelle Silvester-Feuerwerk auf der gesamten Insel strikt verboten. Und das nicht ohne Grund.

Am 3. Januar 1979 schickten mehrere Anwohner aus Alt-Westerland einen Brief an die Stadt Westerland. Darin forderten sie den Bürgermeister mit Nachdruck auf, das Silvester-Feuerwerk in Alt-Westerland künftig zu unterbinden. Nur wenige Stunden zuvor war in der Straße „Zwischen den Hedigen" eine Rakete auf dem reetgedeckten Dach eines Hauses gelandet. Wenig später stand das Anwesen lichterloh in Flammen. Es war nicht der erste Großbrand in einer Silvesternacht auf Sylt. Schon mehrfach hatte der Wind Raketen irrgeleitet. Und so sahen Hausbesitzer und Feuerwehrleute der letzten Nacht des Jahres stets mit gemischten Gefühlen entgegen. Die ersten Überlegungen, die man im Westerländer Rathaus 1979 anstellte, zielten auf einen Kompromiß: Das Verbot sollte in einem Radius von 500 Metern um jedes Reetdachhaus gelten. Davon aber war praktisch das ganze Stadtgebiet betroffen. Und so beschloß der Magistrat am 14. November, das Feuerwerk in ganz Westerland zu untersagen. In der Silvesternacht 1979 trat die Verordnung erstmals in Kraft, ein Jahr später schlossen sich die übrigen Inselgemeinden der Regelung an. Wenn es auf Sylt in der Silvesternacht also heute knallt, handelt es sich vornehmlich um Champagnerkorken.

Diese Mole hat es in sich

Erstaunliches vom Ausbau des Munkmarscher Hafens

Mit den Außenmauern des Munkmarscher Hafens hat es etwas Besonderes auf sich. Bei genauerer Betrachtung fällt auf, daß die äußeren Enden der Mole abgerundet sind. Unter jedem dieser Enden nämlich verbirgt sich – der Bug eines Schiffes! Das hat folgenden Grund: Die Liegeplätze im Hafenbecken waren knapp geworden, und so hatte der in Munkmarsch beheimatete Sylter Segler Club 1975 den Plan gefaßt, den Hafen zu erweitern. Das aber hätte den Verein eine halbe Million Mark gekostet und sprengte jeden Rahmen. Per Zufall erhielten die Seg-

ler dann aber ein verlockendes Angebot, das zwar etwas ausgefallen war, aber lediglich ein Zehntel der ursprünglichen Summe betrug. In Hamburg waren nämlich just zwei Schuten ausgemustert worden, die zuvor den Aushub abfuhren, der beim Ausbaggern des Hafenbeckens und in den Spülfeldern anfiel. Für 50000 Mark wurden die beiden Schuten erworben, nach Sylt überführt und im Munkmarscher Hafen verlegt. Zuletzt wurden sie noch mit Beton übergossen – und fertig war die neue Mole am Außenbecken.

Im Vordergrund deutlich zu erkennen: Die abgerundete Außenmole, unter der sich zwei ausgediente Schuten verbergen.

Irrungen und Wirrungen

Das schlug auf den Magen

So kam der Tee nach Sylt

Tee wird an der Küste oft und gern getrunken. Die Sylter indes schlossen mit dem aromatischen Getränk auf recht ungewöhnliche Weise Bekanntschaft: Im Jahr 1735 sollen vor der Insel Schiffe gestrandet sein, wobei etliche Kisten und Fässer der Ladung über Bord gingen. Als die Sylter das Strandgut durchwühlten, entdeckten sie auch einige Kisten mit Teeblättern, die aus Japan und China stammten. Diese erinnerten die Strandläufer an den hierzulande sehr beliebten Grünkohl, und so versuchten sie, aus den Blättern ein schmackhaftes Mahl zu bereiten. Dieser Versuch freilich mißlang gründlich und hinterließ einen bitteren Nachgeschmack. Erst später klärten heimkehrende Seefahrer ihre Landsleute über die richtige Zubereitung der Teeblätter auf.

Tee gilt als Nationalgetränk der Friesen. Auf kuriose Weise schlossen die Sylter mit den Teeblättern Bekanntschaft.

Kilometerlange Rohrleitungen werden bei den Sandvorspülungen am Strand verlegt.

Sylt baut auf Sand

Ein Zufall wurde zum Glücksfall für den Küstenschutz

Zumeist einmal im Jahr wird der Sylter Strand zur Baustelle. Dann fahren Planierraupen auf, werden rostbraune Rohrleitungen verlegt. Es ist die Zeit der Sandvorspülung, die sich bis dato als die wirksamste Maßnahme für den Küstenschutz bewährt hat. Bei den Sandvorspülungen kommen speziell konstruierte Schiffe zum Einsatz. Sie ankern vor der Küste und pumpen durch Rohrleitungen unablässig Sandmassen vom Meeresboden an den Strand. Bei Sturmfluten wird dann nicht das eigentliche Ufer, sondern das vorgelagerte Sandpolster abgetragen. Doch Sandvorspülungen sind von begrenzter Lebensdauer und eine kostspielige Angelegenheit – seit der ersten Vorspülung im Jahre 1972 haben Bund und Land nahezu 200 Millionen Mark investiert.

Daß sich diese effektive Küstenschutzmaßnahme auf Sylt überhaupt einbürgerte, ist einem reinen Zufall zu verdanken. Der ehemalige Leiter des Amtes Landschaft Sylt erinnert sich: „In Amerika wurden in den 60er Jahren Hafenbecken ausgebaggert. Wohin aber mit dem Sand? Er wurde kurzerhand an den Stränden aufgeworfen. Das brachte uns Sylter auf die Idee, das Konzept in unserem Sinne umzusetzen. 1968 konnten wir unseren zuständigen Minister nach vielen mühsamen Gesprächen davon überzeugen, daß er sich das mal in den USA anschaut. Es hat geklappt, und so kam es schließlich 1972 zum Pilotprojekt Sandvorspülung vor Westerland."

Raketeneinschlag in den Kampener Dünen

Ein Filmrequisit sorgt für Aufregung

Diese vermeintliche Rakete mit den Hoheitsabzeichen der UdSSR sorgte für einige Aufregung.

Über die Leinwände der deutschen Filmtheater flimmerte 1962 ein Streifen mit dem Titel „Genosse Münchhausen". Gedreht hatte ihn der bekannte Regisseur Wolfgang Neuss ein Jahr zuvor auf Sylt. Eine Schlüsselsequenz des Films verhielt sich so: Genosse Münchhausen startet in Rußland mit einer Rakete zum Planeten Venus. Doch unterwegs streikt das Getriebe, die Rakete stürzt ab und – schlägt in den Sylter Dünen ein. Münchhausen aber entsteigt unverletzt und beobachtet staunend das Treiben am nahen FKK-Strand. Er glaubt, auf der Venus gelandet zu sein, hält die Nackten für die Bewohner des Planeten und die Strandkörbe für futuristischen Wohnungsbau. Die Verwicklungen nehmen ihren Lauf...

Was jedoch nicht im Drehbuch stand: Eines Nachts machten einige britische Soldaten in der Nähe von Kampen eine besorgniserregende Entdeckung. Es war ja auch nicht zu übersehen: Da vorn, mitten in den Dünen, war eine große Rakete eingeschlagen, hatte sich tief in den Sand gegraben und – for heaven's sake – trug auch noch russische Hoheitszeichen. Ein militärischer Zwischenfall größeren Ausmaßes schien sich da anzubahnen. Höchst aufgeregt meldeten die Soldaten den Vorfall ihrem Vorgesetzten, der wiederum alarmierte umgehend das Westerländer Polizeiquartier. Dort aber konnte man ihn beruhigen: „Schlaft mal ruhig weiter! Die Rakete ist bloß aus Sperrholz, das ist 'ne Attrappe für Filmaufnahmen."

„Was seid Ihr doch für Pharisäer"

Ein Nationalgetränk wird aus der Not geboren

Man nehme

4 Teelöffel Zucker

¼ Liter heißen, starken Kaffee

8 cl Rum

4 Eßlöffel geschlagene süße Sahne

Den Zucker verteile man auf zwei angewärmte Tassen. Anschließend gieße man den heißen Kaffee darüber und gebe danach den Rum dazu. Nun wird die Sahne als Haube aufgesetzt. Nicht umrühren! Dieses Getränk heißt „Pharisäer", und so ungewöhnlich wie sein Name ist auch seine Geschichte. Sie spielt zwar auf der nahegelegenen Insel Nordstrand, aber weil sie so originell ist und sich der „Pharisäer" längst auch auf Sylt als Nationalgetränk eingebürgert hat, ist sie es wert, hier erzählt zu werden. Und so soll es sich abgespielt haben: Anno 1872 fand auf dem Hof des Bauern Peter Georg Johannsen ein großes Familienfest statt. Natürlich saß auch der Herr Pastor mit an der Tafel, und eben dies war das Problem. Denn Pastor Bleyer war als entschiedener Gegner „geistiger Getränke" bekannt. Sonntag für Sonntag wetterte er von der Kanzel herab gegen den Alkohol. Aber die Nordstrander mochten davon dennoch nicht ablassen. So war es auch bei besagtem Familienfest. Zwar zügelten sich die Gäste zunächst und schlürften artig ihren Kaffee, hoffte man doch, daß sich der Pastor bald verabschieden würde. Der aber machte gar keine Anstalten, zu gehen. Da hatte der Gastgeber eine Idee. Er wies das Küchenpersonal an, dem Kaffee – die Tasse des Geistlichen ausgenommen – einen ordentlichen Schuß Rum beizugeben. Und damit der Pastor den Rum nicht roch, wurden die Tassen mit einem ordentlichen Schlag Sahne abgedeckt. Es kam,

wie es kommen mußte: Die Unterhaltung wurde mit jeder Tasse Kaffee lebhafter, bis – tja, bis man im Eifer des Gefechts die Tassen verwechselte und der Herr Pastor statt einer Tasse Kaffee versehentlich eine hochprozentige Mischung kredenzt bekam. Da rötete sich sein Gesicht, er stand auf und rief in die Runde: „Oh, was seid Ihr doch für Pharisäer!" Fortan hatte das Getränk seinen Namen.

Suchen nach Silber, Graben nach Gold

Wie man Schätze fand – oder auch nicht

Es ist nicht alles Gold, was glänzt. Ein Sprichwort, das sich auf Sylt nur allzuoft bewahrheitet hat. Vor allem die vielen Hügel und Hünengräber regten immer wieder die Phantasie der Schatzgräber an. „Der gemeine Sylter Mann wühlet zum Zeitvertreib in den Hügeln, weil er aus der Sage weiß, daß man Gold in denselben finden kann. Findet er das geringste Metall, so glaubet er, weil es so sehr gleißet, es sey wohl Gold", schrieb ein Chronist anno 1756. Ein anderer Zeitgenosse wußte zu berichten, daß „schon mehrere Grabhügel durchgegraben und untersuchet wurden, allein es ist nichts von einigem Werth darin gefunden worden." Auch in neuerer Zeit gruben Schatzgräber bei Nacht und Nebel die Erde um: „Es sind mehrfach wüste Raubgrabungen von unberufenen, gierigen und beutelüsternen Schatzgräbern in Alt-List erfolgt. Die Täter werden eine schwere Bestrafung zu erwarten haben", vermeldeten 1929 die „Sylter Nachrichten". 1843 hatte sich sogar ein Verein zum Hügelausgraben gegründet – und bald darauf wieder aufgelöst, weil den Mühen kein rechter Erfolg beschieden war. Mehr Glück hatten andere. Ihnen kam der Zufall zur Hilfe.

An einem klammen Januartag des Jahres 1905 schaufelt der Westerländer Landmann Peter Brodersen hinter seinem Haus eine Grube, um einen Pferdekadaver zu verscharren. Das Loch ist schon 80 Zentimeter tief, als die Schaufel auf Widerstand trifft. Es ist eine hölzerne Dose, gefüllt mit alten Münzen. Die weiteren Untersuchungen ergeben: Der Schatz besteht aus 114 Münzen und elf Bruchstücken, alle zusammen wiegen sie keine 140 Gramm. Die Münzen sind durchweg gut erhalten, und so fällt es nicht schwer, ihre Herkunft zu bestimmen. Vorwiegend stammen sie aus deutschen Fürstentümern, aber auch aus den Gebieten der Schweiz, aus Ungarn, Dänemark und England. Und auch der Zeitpunkt, an dem der Schatz, aus welchen Gründen auch immer, an dieser Stelle vergraben wurde, läßt sich eingrenzen: Es war um das Jahr 1040 herum.

**In den Sylter Hügeln – hier eine Erhebung bei Keitum –
wurden kostbare Schätze vermutet. Doch die Suche war meist vergeblich.**

Noch bedeutsamer ist der Fund, den Arbeiter im Mai 1937 in List machen. Die Männer sind gerade damit beschäftigt, einen flachen Hügel einzuebnen, als sie aus nur 30 Zentimetern Tiefe eine verschlossene Hülse zutage fördern. Der Experte vom Kieler Museum für Vor- und Frühgeschichte, der sofort mit dem Flugzeug anreist, ist begeistert. Die Hülse birgt neben Bruchstücken von Münzen und Schmuck 616 unbeschädigte Münzen – zum größten Teil englischer Herkunft, aber auch solche aus deutschen Landen und Dänemark, sogar orientalische Dirhems sind darunter. Tausend Jahre war der Schatz in der Erde verborgen, jetzt ist er im Museum zu Schleswig ausgestellt. Der damalige Finder erhielt übrigens 200 Mark zur Belohnung. Und seine Arbeitsgruppe 30 Mark „für einen gemütlichen Abend".

Eine Jungfer kommt zu Fall

Wie eine Zechtour auf halber Strecke endete

Wo und wann sich die folgende Begebenheit auf der Insel genau abgespielt hat, ist leider nicht mehr bekannt. Doch die Geschichte ist zu schön, um in Vergessenheit geraten zu dürfen. Und so hat sie sich zugetragen: Eine ältere, ehrbare Jungfer, die jedoch gelegentlich dem Trunke ergeben war, hatte bei einer Feier den hochprozentigen Getränken reichlich zugesprochen. Den Rückweg hätte sie in diesem Zustand sicherlich nicht mehr antreten können, und so erbarmte sich ein Nachbar ihrer und lud sie hinten auf sein Fuhrwerk auf. Man hatte die Hälfte des Weges hinter sich gebracht, als die Kutsche über ein Schlagloch fuhr, die Jungfer unbemerkt von der Ladefläche rutschte und auf der Straße unsanft zum Sitzen kam. Kurze Zeit später fuhr ein anderes Gespann vorbei. Als der Kutscher die hilflose Frau auf der Straße sitzen sah, rief er: „Na Tine, sollst Du nicht lieber mit mir fahren?" Da entgegnete die Jungfer: „Nee, laß' man, ich fahr' schon alleweil bei Pieten mit."

Göring mußte draußen bleiben

Eine heitere Verwechslung

Er spielte eine der Hauptrollen in der unsäglichen Geschichte des Dritten Reichs: Hermann Gö-ring, späterer Generalfeldmarschall und einer der obersten Schergen Hitlers, stattete Sylt im Jahr 1933 erstmals einen Besuch ab – und kam fortan regelmäßig. Anfangs stiegen Göring und seine Frau in Kampen oder Wenningstedt ab, später bezogen sie ein eigenes Haus nahe Wenningstedt.Schon 1933 hatte die Gemeinde Kampen den prominenten Gast zum Ehrenbürger ernannt, weil er sich vehement für die Erhaltung der Heidelandschaft einsetzte. Einmal äußerte Göring den Wunsch, einen urigen Sylter kennenzulernen. Die Wahl fiel auf den 97jährigen Johannes Moritzen. Als ihm Göring vom Kampener Bürgermeister an der Haustür vorgestellt wurde, verwechselte der hör- und sehgeschädigte Greis den Besucher mit einem Sylter Uhrmacher namens Nöring und rief aus: „Mensch Nöring, wat bist du dick geworden!" Darauf erwiderte der Bürgermeister leicht indigniert: „Moritzen, dat is doch nich Nöring, sondern der Feldmarschall Göring!" Da schüttelte der alte Moritzen den Kopf: „Göring? Kenn ick nich!" Sprach's, drehte sich um und schlurfte wieder in sein Haus zurück.

Mit Panzern und Bomben gegen die Flut

Skurrile Vorschläge für den Küstenschutz

Sie schicken ihre Briefe „An den Sylter Deichhauptmann" oder „An den Chef vom Küstenschutzamt", an den „Bürgermeister von Sylt" oder an den „Herrn Kulturreferenten", doch genauso falsch die Adressaten bezeichnet sind, so kurios sind die Vorschläge, die von den Absendern unterbreitet werden. Sie wollen den Sturmfluten mit Autoreifen, ausrangierten Zugwaggons, Müllbergen, ausgedienten Panzern und sogar Bomben zu Leibe rücken. Bei den zuständigen Behörden füllen sich ganze Aktenordner mit Briefen, von denen manche einer unfreiwilligen Komik nicht entbehren. Was die selbstberufenen Küstenschutz-Experten motiviert, hat einer von ihnen in seinem Brief so formuliert: „Schon so oft haben Außenseiter zu Lösungen von Dingen beigetragen, die sie nichts angingen." Ob die unterbreiteten Vorschläge praxistauglich sind, darf dennoch getrost bezweifelt werden.

Zugegeben: Die Reifenhersteller würden sicherlich die Idee eines Sylt-Urlaubers aus Bad Münder unterstützen, dem ein neuartiges Recycling alter Autoreifen vorschwebt. Er plädiert für einen schwimmenden Teppich zusammengeketteter Reifen vor der Küste, der den Wellengang dämmen soll. Doch auch andere sind kreativ. Holger B. schreibt: „Ich schlage vor, daß jedes Fahrzeug, welches auf die Insel gelangt, 50 Kilogramm Sand mitzuführen hat, welcher zum Küstenschutz verwendet wird. Halter von Fahrzeugen, denen dies nicht möglich ist, können sich durch eine Abgabe freikaufen. Diese Maßnahme beinhaltet eine nicht zu verkennende psychologische Wirkung, die das Umweltbewußtsein schärft. Hochachtungsvoll, ein Freund der Insel."

Viele Einsender favorisieren den Bau eines festen Bollwerks vor der Sylter Westküste. Fragt sich nur: Wer soll das bezahlen? Dazu ein Rechenexempel: Ein durchgehender Betondamm würde bei einer angenommenen Höhe von knapp 20 Metern und einer Breite von etwa 30 Metern mehr als 1,5 Milliarden Mark verschlingen. Das ist die achtmal soviel wie alle bisherigen Sandvorspülungen zusammen gekostet haben. Aber es ginge auch billiger. Meint zumindest Heinz H. Er appelliert an die Bahn, ihre ausrangierten Waggons an den deutschen Bahnhöfen abzustellen. „Fernsehen und Rundfunk rufen zu Sam-melaktionen auf: Die Züge werden mit Steinen und anderem Material beladen. Vor allem Bauern und Steinbruchbesitzer sind angesprochen." Dann gehen die Züge auf ihre letzte Reise: Über einen provisorischen Schienenstrang führt der Weg bis an den Strand, wo die Waggons ins Wasser gekippt und die Hohlräume aufgefüllt werden. „Dann kommt noch ein Fußweg über den neuen Damm, mit Pflasterung, Laternen und Bepflanzungen. Zusätzlich empfehle ich einige Ruhebänke für Ihre Kurgäste und die beliebten Strandkörbe. Das ist ein uneinnehmbarer Damm, der den stärksten Sturmfluten widersteht. Da kommt das Meer nicht gegen an." Natürlich bieten sich auch andere Möglichkeiten an. Eine Dame aus Fürth empfiehlt, einen Müllberg aufzuschütten und zu befestigen. Aus Fellbach stammt der Vorschlag, mit ausgedienten Panzern eine Barriere zu errichten. „Legt man noch Wert darauf, selbst unter Wasser den kriegerischen Aspekt zu reduzieren, können ja die Kanonenrohre oder auch die ganzen Panzertürme demontiert werden." Ein anderer Schreiber rät, alte Frachter mit Beton zu verfüllen und gleichsam als Schiffsfriedhof vor der Küste zu versenken. Mehr noch: „Eine Badelagune zwischen Damm und Ufer mit einigen Wasserspielen wäre sicherlich eine Attraktion." Denkbar sei aber auch „ein großes Erntebecken für Meeresfrüchte".

So mancher meint, das Ei des Kolumbus gefunden zu haben und hält mit seiner Kompetenz nur ungern hinter dem Berg: „Mehrere Erfindungen allererster Güte machen es mir möglich, Ihre Insel gegen das Meer qualifiziert abzusichern", stellt Herr P. aus Hamburg in Aussicht. Ein Tüftler aus Grömitz fügte dem Anschreiben gleich eine Skizze seiner Erfindung bei, „die ich bei Interesse für 30000 Mark an Sie verkaufe".

Eine wirklich zündende Idee hatte schließlich dieser Schreiber: „Man muß den Flutwellen zu Leibe gehen und den ganzen Strand bei einer Sturmflut unter Beschuß nehmen. Wenn man Zehn-Zentner-Bomben in kurzem Abstand abwirft, entsteht ein Krater neben dem anderen. Das Wasser wird die Krater dann füllen. So werden die Wellen geschwächt, und der Sandraub wird nachlassen."

Was Sylt bedroht

Ein Kernkraftwerk vor Hörnum?

Eine geheime Untersuchung gelangt in die Öffentlichkeit

„Blicken Badegäste an Deutschlands Küsten ab 1990 auf gigantische Kernkraftwerke?", titelte die „Sylter Zeitung" im Juni 1976 und sorgte mit dieser Schlagzeile für erhebliche Unruhe. In dem Bericht hieß es weiter: „Werden die Badegäste an Deutschlands Nord- und Ostseeküste ab 1990 nicht nur auf Dünen und Wellen, sondern auch auf die Skyline von 20 bis 30 Kernkraftwerken blicken, die auf künstlichen Inseln errichtet werden? Die Bundesregierung jedenfalls läßt ein solches Projekt ernsthaft prüfen. Eine entsprechende meerestechnische Untersuchung wird wie ein Geheimnis gehütet."

Wie Perlen an der Schnur zogen sich die geplanten Standorte an der Küste entlang von Sylt bis zur ostfriesischen Insel Borkum. Als „physikalisch hervorragend, wegen des Erholungsgebietes aber als problematisch" wurde in der Studie ein möglicher Standort vor der Sylter Südspitze bewertet – alternativ dazu hatte man einen Standort vor der Nachbarinsel Amrum ins Auge gefaßt. Aber das sollte offensichtlich noch gar nicht nach außen dringen: „Nach dem Willen der Bundesrepublik und der betroffenen Küstenländer soll die Studie möglichst bis Ende 1977 unter Verschluß gehalten werden, um eine Beeinträchtigung des Fremdenverkehrs und eine Beunruhigung der Bevölkerung zu vermeiden", berichtete die Zeitung.

Einem Sylter Wissenschaftler gelang es, Einblick in die Studie zu nehmen. Er las darin Erstaunliches, etwa: „Ein Kraftwerk in 5 Seemeilen Entfernung stört nicht mehr als ein vorbeifahrender Frachter." Und: „Eine Beeinträchtigung der Umwelt wird vermieden, wenn das Kraftwerk mindestens 3 Seemeilen von Erholungsgebieten entfernt ist." Die Studie mochte nicht einmal ausschließen, daß unter Umständen auch sensible Zonen angetastet werden könnten: „Die Interessen der Allgemeinheit auf Erhaltung der natürlichen Landschaft sind bei der Auswahl der Standorte angemessen zu berücksichtigen. Einige der genannten Standorte liegen in Naturschutzgebieten. Als vorrangige Standorte für Kernkraftwerke würden diese voraussichtlich nicht ausgewählt werden. Sollte aber zu einem ferneren Zeitpunkt der Energieverbrauch dennoch die Installation weiterer Anlagen vor der Küste erfordern, werden auch für derartige Standorte Überlegungen angestellt werden müssen." Bundesforschungsminister Hans Hermann Matthöfer beeilte sich, die Kritiker zu besänftigten: Es handele sich lediglich „um eine Vorstudie und nicht um eine Planung". Ohnehin verlagerte sich der Schauplatz des Geschehens wenig später vom Meer an Land: Allein 20000 Demonstranten protestierten im November 1976 gegen das im Bau befindliche Kernkraftwerk Brokdorf an der Unterelbe, und auch anderswo kollidierten aufgebrachte Bürger mit der Ordnungsmacht. Die Pläne für die schwimmenden Kernkraftwerke verschwanden in der Versenkung.

„Atlantis" versinkt

Westerland vor dem Sündenfall

Vor langer Zeit, so wird erzählt,
gab es eine Insel mit Namen Atlantis.
Es war ein irdisches Paradies mit einer
blühenden Bevölkerung und fruchtbaren Ebenen,
mit schiffbaren Flüssen und reichen Boden-
schätzen.
Die Häuser in der Stadt trugen goldene Dächer,
und inmitten der Insel stand ein prächtiger
Tempel.
Der war ganz mit Silber überzogen,
die Zinnen aber waren aus Gold und die Decken
aus Elfenbein.
Die Menschen waren strebsam und großherzig
bis zu jenem Tage,
an dem sie ihr Glück nicht länger ertragen
konnten und entarteten.
Da straften die Götter ihren Hochmut mit einem
gewaltigen Erdbeben und einer großen Flut,
so daß Atlantis im Laufe eines schlimmen Tages
und einer schlimmen Nacht auf immer versank.

Soll man von den aufgeschlitzten Autoreifen und den anonymen Morddrohungen berichten? Von den Beschimpfungen und Bestechungsversuchen? Von Politikern, die ihre Parteifreunde nicht mehr verstehen, von empörten Naturschutzverbänden und einer Flut von Leserbriefen? Dies ist die Geschichte von der größten Bausünde, die Westerland drohte und dann doch unterblieb. Dies ist aber auch ein Lehrstück für die Nachwelt. Die Hauptdarsteller: ein Bauherr mit großen Ambitionen, eine Bürgerinitiative mit Wut im Bauch und ein schleswig-holsteinischer Innenminister, dem der Geduldsfaden reißt. Im Jahr 1971 erscheinen auf Sylt und anderswo groß-

formatige Zeitungsanzeigen. Sie zeigen einen Wolkenkratzer, der am nächtlichen Firmament über dem Meer und der Westerländer Promenade thront. Darunter wirbt der Stuttgarter Bauherr selbstbewußt: „Bis Ende 1973 wird von der Firma Bense Bau in Zusammenarbeit mit der Stadt Westerland direkt am Strand das neue Appartementhaus ‚Atlantis' errichtet. Bense baut für die Zukunft: Das Appartementhaus ‚Atlantis' bedeutet Wohnen und Leben im Jahre 2000. ‚Atlantis' wird die Krönung des neuen Kurzentrums."

Das Monument ist das Ergebnis eines internationalen Architektenwettbewerbs. Den geschichtsträchtigen Namen steuerten Sylter Kurgäste bei; der Bauherr hatte dazu eigens einen Preis ausgeschrieben. Die Krone, die Hans Bense dem Kurzentrum aufsetzen will, soll weithin über die Insel strahlen. 25 Stockwerke, 751 Appartements und 1433 Abstellplätze, davon 878 in unterirdischen Tiefgaragen, das sind die Eckpfeiler des gigantischen Projekts. Geschätzte Baukosten: 100 Millionen Mark.

Die Keimzelle des Widerstandes gegen „Atlantis" bildet sich an einem sonnigen Frühlingstag des Jahres 1971 in der Küche einer Westerländer Wohngemeinschaft. Zwei Jungpolitiker sind es leid, Leserbriefe zu schreiben; sie gründen eine Bürgerinitiative, der sich bald mehr und mehr Menschen anschließen. Im Juli 1971 erreicht die Westerländer Bürger per Postwurfsendung dieser Aufruf:

„Die We-sterländer Bevölkerung schweigt nicht länger: Keine weiteren Appartement-Hochhäuser! Die Vermietung an Kurgäste bildet die Existenzgrundlage des überwiegenden Teils der Sylter Familien. Inselfremde Finanzgruppen schaffen es mehr und mehr,

Großformatige Zeitungsanzeigen – hier ein Bildausschnitt – warben für hochfliegende Pläne

den Syltern diese Haupterwerbsquelle aus den Händen zu nehmen. Sie bauen und bauen. Das ist ihnen möglich, weil sie mit enormen Konkurrenzvorteilen in diesen ungleichen Wettbewerb gehen: unerschöpfliches Investitionskapital und mannigfache Steuervergünstigungen. Die Existenzbedrohung der einheimischen Vermieter ist jedoch nur ein Grund gegen weitere Appartementgroßprojekte. Weitere Gründe sind Verkehrschaos, Lärmbelästigungen, Luftverschmutzung durch Autoabgase und so weiter." Die Resonanz ist groß: Bis zu jenem Tag, an dem im

Westerländer Rathaus die entscheidende Stadtvertretersitzung stattfindet, werden gegen „Atlantis" 18373 Unterschriften gesammelt. Was damals wie ein Geheimnis gehütet wurde: Auch der bekannte Tierforscher Professor Bernhard Grzimek unterstützte die Bürgerinitiative als heimlicher Gönner.

Je näher der Sitzungstermin rückt, desto mehr droht die Situation zu eskalieren. Jetzt entlädt sich die aufgestaute Wut. Die Gegner bekämpfen sich mit Bestechungsvorwürfen und Morddrohungen, mit Strafanzeigen und Prozessen. Bei Sitzungen im Rat-

Die Sylter und ihre Gäste schweigen nicht länger:

KEINE WEITEREN APPARTEMENT-HOCHHÄUSER!

Die Vermietung an Kurgäste bildet die Existenz-Grundlage des überwiegenden Teils der Sylter Familien. Inselfremde Finanz-Gruppen schaffen es mehr und mehr, den Syltern diese Haupterwerbsquelle aus den Händen zu nehmen. Sie bauen und bauen. Das ist ihnen möglich, weil sie mit enormen Konkurrenz-Vorteilen in diesen ungleichen Wettbewerb gehen: unerschöpfliches Investitions-Kapital und mannigfache Steuer-Vergünstigungen.
Das Vermiet-Geschäft in Urlaubsorten ist für ortsfremde Spekulanten recht lukrativ. Das entspricht zwar den Gesetzen der freien Marktwirtschaft, aber es ist unser legitimes demokratisches Recht, die Interessen der Sylter und ihrer Gäste mit Vorrang zu vertreten.

Mit dieser Postwurfsendung machte die Bürgerinitiative gegen „Atlantis" mobil.

haus werden Stinkbomben geworfen. Unbekannte zerstechen die Autoreifen von Stadtvertretern. Sogar der damalige Bundeskanzler Willy Brandt gerät in den Sog der Ereignisse und wird anläßlich eines Sylt-Urlaubs im Sommer 1971 mit der Thematik konfrontiert, die die Insel, die Stadt Westerland, Parteien und Familien spaltet. In einem Brief an den Bundesbeauftragten für Naturschutz läßt der Kanzler später vage verlauten: „Auch wenn ich mich nicht in die zum Teil harten Auseinandersetzungen über den Natur- und Landschaftsschutz auf der Insel Sylt einmischen konnte und wollte, so habe ich mich doch über die Probleme informieren lassen."

Am Abend des 25. November 1971 formiert sich am Wellenbad ein Menschenzug. Im Schein vieler Fackeln setzt sich der Lindwurm aus rund tausend Menschen in Bewegung, gleichsam so, als ob es zum Biikebrennen gehen soll. Ein paar junge Männer haben einen Sarg geschultert. Sie tragen das Heilbad Westerland zu Grabe.

Am nächsten Tag beginnt im ersten Stock des Westerländer Rathauses um 18 Uhr die längste aller Stadtvertretersitzungen. Neun Stunden später, um kurz nach drei Uhr, fällt im überfüllten Saal die Entscheidung. In der Abstimmung votieren sich 13 Volksvertreter für und sieben gegen den Bau von „Atlantis". Das letzte Wort aber ist noch nicht gesprochen. Denn eine höhere Instanz wird die Kommunalpolitiker ein halbes Jahr später in die Schranken weisen: Am 18. April 1972 versagt der schleswig-holsteinische Innenminister dem Bebauungsplan Nord Nr. 25 und damit dem „Atlantis"-Projekt seine Zustimmung. In der Begründung heißt es unter anderem: „Der Bebauungsplan würde zu einer in ihrem Ausmaß nicht vertretbaren zusätzlichen Umweltbelastung führen. Der Kraftfahrzeugverkehr im Zentrum der Stadt Westerland hat während der Sommermonate schon jetzt ein für ein Seeheilbad bedenkliches Ausmaß erreicht. Entsprechend groß ist die Belastung durch Luftverschmutzung. Außerdem wurden auf Grund vorgenommener Messungen Lärmimmissionen festgestellt, die erheblich über den für ein Kurgebiet vertretbaren Werten liegen. ...Die Verwirklichung des Vorhabens „Atlantis" würde zu einem sprunghaften Ansteigen der Zahl der Feriengäste in Westerland führen. Die hierfür erforderlichen Strandflächen stehen in Westerland aber nicht zur Verfügung. ...Jede weitere massierte Bebauung führt zu einer Gefährdung der Grundwasserversorgung auf der Insel Sylt. ...Die für die Belange des Natur- und Landschaftsschutzes notwendige Abstimmung mit den benachbartenGemeinden ist unterblieben. Die Gemeinden Rantum, Sylt-Ost und Wenningstedt sowie das Amt Landschaft Sylt haben sich nachdrücklich gegen das Projekt ausgesprochen. Die Stadt Westerland hat sich über diese Bedenken ohne zureichende Begründung hinweggesetzt."

Der Schlußsatz schließlich zieht ein deutliches Fazit: „Das Interesse der Allgemeinheit an der Berücksichtigung der Forderungen des Umweltschutzes, die Belange des Landschaftsschutzes sowie die Belange der benachbarten Gemeinden wurden bei der gebotenen Abwägung nicht ausreichend berücksichtigt."

Es kommt aber noch dicker: Am 14. September 1973 verkündet das Verwaltungsgericht Schleswig unter dem Aktenzeichen 2D 24/73 diesen Beschluß: „Das schleswig-holsteinische Innenministerium hat der Stadt Westerland die Befugnis zur Erteilung von Baugenehmigungen mit Wirkung zum 1.1.1974 entzogen. Die Baugenehmigungen sollen in Zukunft von der Baubehörde des Kreises Nordfriesland ausgestellt werden." Und auch dies merkt das Gericht in seinem Urteilsspruch an: „Schon seit einer Reihe von Jahren verfolgt die Kammer die Baugenehmigungspraxis der Stadt Westerland mit Befremden und großer Besorgnis."

Bauunternehmer Bense macht nun gegen die Stadt Westerland mobil. Er verklagt die Kommune auf 3,25 Millionen Mark Schadensersatz; 250 Appartements will er bereits vor Baubeginn verkauft haben. 1977 weist das Landgericht den Antrag Benses ab und schließt damit nach sechs Jahren das letzte Kapitel der Geschichte. Den hochfliegenden Plänen von einst war der tiefe Fall gefolgt. „Atlantis" versank ein zweites Mal.

Ein Haus in den Hörnumer Dünen kostet heute ein Vermögen.
1952 gab's die Baugrundstücke noch zum Nulltarif.

Wer kann sich
das noch leisten?

Auf der Insel explodieren die Immobilienpreise

1902 offeriert die Direktion der Nordseebäder Westerland und Wenningstedt „schön gelegene Baugrundstücke, die zu billigen Preisen von 300, 500 und 1000 Mark abzugeben sind". 1952 berichtet die „Sylter Kurzeitung", daß die Gemeinde Hörnum zehn Baugrundstücke an Interessenten kostenlos abzugeben habe. Wie unglaublich muten diese Meldungen heute an. Grundstücke, Wohnungen und Häuser sind auf Sylt Mangelware, die Preise in den vergangenen Jahren geradezu explodiert. Eine gesunde Preispolitik gibt es längst nicht mehr, allein die Nachfrage diktiert den Preis. Im Jahr 1997 etwa ist es ganz normal, daß eine ordinäre 3-Zimmer-Wohnung an einen Dauermieter für 3000 Mark pro Monat vermietet wird oder daß ein Sylter in einer Zeitungsannonce 50000 Mark Mietvorauszahlung für eine 2-Zimmer-Wohnung in Westerland bietet, um seine Chancen gegenüber den vielen Mitbewerbern zu erhöhen. Es ist auch ganz normal, daß ein winziges Appartement in Kampen für 350000 Mark zum Kauf angeboten wird und ein altes Friesenhaus in Keitum für 2,2 Millionen Mark, ein 2-Zimmer-Appartement im Westerländer Kurzentrum für 480.000 Mark und ein mittelprächtiges Baugrundstück in Wenningstedt für 1,25 Millionen Mark.

Häuser in Kampener Wattlage zählen zu den teuersten Immobilien in der Republik.

Auf Sylt sind die Maßstäbe maßlos geworden. Pendelt sich der Grundstückspreis auf dem nahen Festland zwischen 50 und 100 Mark pro Quadratmeter ein, sind auf der Insel 500 Mark üblich, in bevorzugten Lagen kommt man mit 1000 Mark kaum mehr aus, und nach oben hin ist ohnehin alles offen. So wechseln an der Wattseite von Kampen schon mal Häuser für fünf Millionen Mark und mehr den Besitzer. Kein Wunder, daß der Ring Deutscher Makler 1997 für Sylt die höchsten Immobilienpreise Deutschlands errechnete. Nur der Tegernsee, Garmisch-Patenkirchen, Reit im Winkl und Juist können der Nordseeinsel da noch halbwegs das Wasser reichen. Sylt – ein riesiger Verschiebebahnhof für Immobilien:

Allein 1996 belief sich der Umsatz für Grundstücke, Häuser und Wohnungen auf mehrere hundert Millionen Mark.

„Schnäppchen" sind selten. Aber es gibt sie noch. Wie dieses hier: „Zwangsversteigerung: Grundstück in List, 1258 Quadratmeter, festgesetzter Verkehrswert 5000,- DM, Versteigerungstermin beim Amtsgericht Niebüll am Montag, dem 2. Juni 1997, 9 Uhr", so stand es in einer Anzeige in der „Sylter Tageszeitung" zu lesen. Die Sache hatte nur einen kleinen Haken: Bei dem Grundstück handelt es sich um eine Düne – und die darf weder bebaut noch betreten werden.

Die Stadt im Watt

Ein Bauunternehmer geht baden

Dr. Horst Günther Hisam war ein Visionär. Da war zwischen List und der zwei Kilometer entfernten Siedlung „Sonnenland" doch noch so viel Platz, da lag vor der Ostküste so viel Wattenmeer nutzlos brach. Welcher Gedanke also war naheliegender, als den bestehenden zwölf Sylter Ortschaften noch eine weitere hinzuzufügen? So begann der rührige Bauunternehmer Hisam zu planen. Die nötige Ortskenntnis besaß er ja: 1970 war er - pikanterweise - in List zum Bürgermeister gewählt worden. Und nun wollte er dem Norden der Insel ein neues Gesicht geben. Im Wattenmeer, so ist es Dr. Hisams Wille, soll ein Urlaubsdomizil für 5000 Menschen entstehen, mit Hotels, Pensionen, Hunderten von Appartements und einem schicken Hafen für Wassersportler. Auf Pfäh-

len gegründet soll eine Tourismus-Hochburg im aufgespülten Vorland der Blidselbucht ähnlich dem Westerländer Kurzentrum in die Höhe wachsen. Mit einer vierspurigen Straße nach Westerland und einer Seilbahn zum Weststrand. Damit es die Gäste auch recht bequem haben.

Doch wie es mit hochfliegenden Plänen manchmal so geht: Das Ganze kam dann doch noch zu Fall – nicht zuletzt durch die massiven Proteste engagierter Bürger. Und damit zerschlug sich auch ein anderer Plan des agilen Bauunternehmers: Die Bebauung der Dünenlandschaft entlang der Straße zwischen List und der Siedlung „Sonnenland". So hat sich Sylt Anfang der 70er Jahre gerade noch rechtzeitig ein Stück heile Insel bewahrt.

Im Lister Wattenmeer hinter der „Sonnenland"-Siedlung sollte eine kleine Stadt für Touristen entstehen.
Doch das Projekt erwies sich als Flop.

Die dunklen Jahre

Der Engländer sollte
eine harte Nuß knacken

Von der Utopie, den Hindenburgdamm zu sprengen

Am 7. Mai 1945 erklärt die deutsche Wehrmacht den Alliierten ihre bedingungslose Kapitulation. Am 9. Mai tritt sie in Kraft. Wenige Tage später landen britische Einheiten der „Royal Navy", des „58. Light Antiaircraft Regiments" und der „Air Disarmament Wing 8302" auf der Insel. Auch für Sylt ist der Zweite Weltkrieg damit vorbei. Was jedoch kaum einer weiß: Fast hätte sich das Dritte Reich von der Insel mit einem Paukenschlag verabschiedet.

Mit Unbehagen erinnert sich der ehemalige Oberleutnant Ernst Baumann an die letzten Kriegstage: „Wir hatten Soldaten im Minenräumen ausgebildet. Dann kam es zu jener denkwürdigen Besprechung. Um es kurz zu machen: Der Engländer sollte noch eine harte Nuß zu knacken bekommen. Wir sollten das noch reichlich vorhandene Munitionsmaterial nehmen und den Hindenburgdamm restlos sprengen. Doch ganz abgesehen davon, daß die Vorbereitun-

gen für eine solche Sprengung mehrere Wochen in Anspruch genommen hätten und uns außerdem das technische Gerät dafür fehlte, wäre ein zerstörter Damm für die englischen Truppen wohl kein ernstzunehmendes Hindernis gewesen." So blieb der hochfliegende Plan eine Utopie, und die drei Panzerspähwagen, die die englische Vorhut bildeten, konnten unbeschadet über den Damm rollen.

Auf Ernst Baumann und seine im – noch heute so genannten – „Pionierlager" zwischen Keitum und Tinnum stationierte Einheit warteten neue Aufgaben: „Für uns begann eine harte Arbeit. Die Minenpläne waren verlorengegangen. Besonders dichte Felder lagen an der Wattseite und am Deich. Aber uns war diese Arbeit lieber, als irgendwo hinter Stacheldraht zu sitzen. Leider: Einige Kameraden zahlten mit dem Leben. Sie liegen auf dem Westerländer Ehrenfriedhof und an der Keitumer Kirche begraben."

Sollte am Ende des Zweiten Weltkriegs gesprengt werden: Der Hindenburgdamm.

500000 Mark Finderlohn für einen Schuh

Die Inflation frißt das Geld auf

1923. Die junge Weimarer Republik ächzt schwer unter der Knute der Inflation. Die Mark ist keinen Pfennig mehr wert: Das Geld vermehrt sich völlig unkontrolliert, die Preise für Waren vervielfachen sich über Nacht. Wohl dem, der Sachwerte besitzt. Auch Sylt wird von der galoppierenden Inflation überrollt. Am 16. März 1923 erscheint in der „Sylter Tageszeitung" ein Stellenangebot: „Gesucht für sofort: Tüchtiges Hausmädchen, Gehalt 10000 Mark monatlich und Trinkgelder." Im April kostet das Pfund Schollen im Fischgeschäft 500 Mark, der Zentner Kartoffeln beim Kaufmann 7000 Mark. Aber das ist erst der Anfang. Nur ein paar Monate später kostet das Pfund Butter eine Million. Dem Turn- und Sportverein Morsum werden von einem Gönner 250 Millionen Mark für die Anschaffung von Ringen gestiftet. Im Westerländer Schützenhaus wird das Theaterstück „Sturmflut" aufgeführt; der Eintritt beträgt pro Person fünf Millionen Mark. Fünf Millionen Mark lautet auch der Nennwert des Geldscheins, der im August 1923 erstmals gedruckt wird; doch schon wenige Tage später mutmaßt die Sylter Zeitung: „Wenn die Entwicklung unserer Währung so weitergeht, wird der neue Schein bald zu Kleingeld werden." Tatsächlich reichen fünf Millionen Mark Ende Oktober nicht einmal mehr aus, um sich die „Sylter Zeitung" zu kaufen: Am 8. Juni noch hatte eine Ausgabe 150 Mark gekostet, am 25. Juli waren es bereits 2000 Mark, das Zehnfache mußte man am 5. September hinblättern, 100000 Mark am 25. September berappen, ganze zehn Millionen Mark waren es am 31. Oktober 1923. In Tinnum hat jemand eine braune Sandale verloren und offeriert 500000 Mark Finderlohn.

Während der Inflationszeit gaben die Sylter Gemeinden eigene Notgeldscheine heraus; hier ein Geldschein aus Keitum

Naturalien stehen jetzt hoch im Kurs. In Keitum verlangen die Arbeiter für das Mähen einer Wiese eineinhalb Pfund Butter. In Archsum wird die Handarbeitslehrerin mit 500 Pfund Gerste entlohnt. Passive Mitglieder des Keitumer Ringreitervereins zahlen drei Hühnereier Jahresbeitrag. Und als die Westerländer Laienspielgruppe in Morsum ein Theaterstück aufführt, finden sich in der Kasse 84000 Mark und 35 Eier.

Im November 1923 wird die Rentenmark, Monate später die Reichsmark eingeführt. Der Spuk ist vorbei.

8—1 Uhr und von 2—5 Uhr an der Kasse auf der Platt-
form vermietet.

Sprechstunden für Wünsche und Beschwerden des Bade-
publikums von **10—11 Uhr** vormittags im Badebüro.

Die Städtische Badeverwaltung.

Ausländer

haben sich innerhalb 24 Stunden nach ihrer Ankunft
und vor ihrer Abreise persönlich und unter Vorlegung
ihres Passes im Rathause, Zimmer Nr. 7 zu melden.

Zuwiderhandlungen werden bestraft.

Die Quartiergeber werden ersucht, Ausländer auf
diese Meldepflicht hinzuweisen.

Westerland, den 9. Juni 1923.

Die Polizeiverwaltung.

Kapp.

Preismultiplikator für Bäder und Kurorte.

Der Zimmer- u. Pensionspreis in Bädern und Kurorten
beträgt Grundpreis (Friedenspreis) mal Multiplikator.

Der Multiplikator ist ab Freitag, d. 31. August 1400 000.

Wirtschaftliche Vereinigung der Insel Sylt.

Fremdenliste des Nordseebades Westerland

Am 28. u. 29. August angemeldete Kurgäste.

Herr Biermann u. Frau, Kfm., Hambg. Grand Hotel	2
Frau Bassano, J., Brünn. Skandinavia	1
Herr Eichstaedt u. Frau, Bankbeamt. Rosenhaus	2
„ Feldhoff, Fritz u. Fam., Kfm., Barmen. Brandenbg.	3
Frau Fauerchou, Inger, Slagelse. Schöneck	1
Herr Dr. Fath, Ludwig, Kfm , Frankf. a. M. Miramar	1
Frl. Holm, Ingeborg, Bankassistentin, Haderslbt. Miram.	1
Herr Dr. Hanau, Eduard, Ger.-Ass., Frankf. a. M. Miram.	1
Frau Hoenig, Irma u. Tochter Helene, Priv., L. Wedell	2
Freiherr v. Houwald, Gustav, Ob.-Reg.-Rat, Arnsbg. t. W. L. Wedell	1
Herr Jacobsen, Th., Ingenieur, Tondern. Schöneck	1
Frau Klima, Brünn. Skandinavia	1
Herr Dr. Karo, Robert, Staatsanw., Berlin. Vil. Paulsen	1

„Unternehmen Seelöwe"

Auf Sylt wurde die Invasion in England geprobt

Am 2. August 1940, die Uhr zeigt kurz nach elf, landen auf dem Fliegerhorst östlich von Westerland zwei Maschinen vom Typ „Junkers Ju 52". Als die Passagiere aussteigen, nehmen die wartenden Soldaten zackig Haltung an, denn die Rangabzeichen weisen die Besucher als hochrangige Offiziere aus – ja, sogar der Oberbefehlshaber des Heeres, Generalfeldmarschall von Brauchitsch, ist unter ihnen. Was die Generäle und übrigen Offiziere an diesem sommerlichen Tag nach Sylt verschlägt, ist eine Operation von strengster Geheimhaltung – es ist die Generalprobe für das „Unternehmen Seelöwe", die Invasion in England.

Adolf Hitler selbst war es gewesen, der das ominöse Planspiel initiierte. In seinem Größenwahn hatte der Diktator im Juli 1940 verfügt, die Invasion in England auf deutschem Boden zu proben. Von Frankreich aus, so war es der Plan, sollten später einmal deutsche Pioniertruppen und amphibische Panzer über den Ärmelkanal setzen und an der britischen Küste landen. Diese Operation wurde zunächst im kleinen Maßstab durchgespielt – die Wahl fiel auf die Sylter Westküste.

Gut tausend Soldaten hatten sich Mitte Juli in den Hörnumer Kasernen einquartiert. Am 20. Juli begann dann am Strand ein geschäftiges Treiben. Im Süden der Insel gingen Landungsschiffe vor Anker, amphibische Panzer pflügten durchs Wasser und walzten den Strand hinauf. Pioniere verlegten Stacheldrahtrollen, bauten Rampen und übten das Einnebeln des Landungsabschnitts durch den Einsatz von Nebelbomben. In Vorträgen wurden die Soldaten über Besonderheiten wie Ebbe und Flut, Strömung und Brandung und die Wind- und Wetterverhältnisse an der Küste unterrichtet.

Obwohl das Geschehen am Strand nicht unbemerkt bleiben konnte und von den Syltern neugierig

Soldaten der Wehrmacht probten auf Sylt die Invasion in England.

beäugt wurde, gab man sich alle Mühe, die ganze Aktion geheimzuhalten. In einem Bericht des stellvertretenden Inselkommandanten war wiederholt von „strengster Geheimhaltung" und den notwendigen Sicherheitsmaßnahmen die Rede: „Diese bezogen sich auf eine scharfe Absperrung des Übungsgeländes, auf eine verstärkte Zug- und Briefkontrolle sowie genaueste Überwachung des Fremdenverkehrs in den hiesigen Hotels und Gaststätten. Besonders wurde die Überwachung der Inselbahn organisiert."

Nach fünf Wochen wurde die Großübung beendet. Das „Unternehmen Seelöwe" aber war nur ein Papiertiger: England blieb unbehelligt – die Planspiele am Strand verliefen im Sand.

Als Hermann Göring auf Sylt ankommt, trägt er seinen Dolch – der Griff ist oberhalb der Wagentür zu erkennen – noch bei sich. Später läßt er das kostbare Stück per Zeitungsannonce suchen.

Der Dolch des Feldmarschalls

Hermann Göring setzt einen Finderlohn aus

Am Abend eines heißen Julitages im Jahre 1937 geht ein etwas korpulenter Herr am Morsumer Kliff spazieren. Wieder in seinem Urlaubsquartier in Wenningstedt angekommen, bemerkt der Wanderer einen herben Verlust. Es ist ein Dolch, der ihm sehr kostbar ist, ein Freundschaftsgeschenk der italienischen Faschisten. Das vergoldete Prunkstück ist weg – und sein Besitzer außer sich. Zwei Tage später erscheint in der „Sylter Tageszeitung" eine Anzeige: „Herr Generalfeldmarschall Göring hat am Dienstag, 25. Juli, abends gegen 20.30 Uhr auf einem Spaziergang beim Morsum-Kliff einen Dolch verloren (35-40 cm lang, 4 cm breit, mit roter Saffian-Scheide und goldenem Griff). Der Finder wird gebeten, ihn gegen Belohnung im Hotel zum Kronprinzen, Wenningstedt, abzugeben."

Der Morsumer Jungbauer Boy Thiessen will sich die Belohnung verdienen. Er schwingt sich aufs Rad und fährt zum Kliff. Nur eine Viertelstunde dauert es, dann wird der 17jährige im Heidekraut fündig. Ein Anruf – und schon ist Göring unterwegs nach Morsum. Boy Thiessen strahlt: „Ich bekam hundert Mark, das war mehr als ein Monatslohn." Von dem Geld ist letztlich jedoch nicht viel übrig geblieben: „Es hatte sich inzwischen am Kliff viel Volk eingefunden, und ich mußte allen reichlich Punsch spendieren." Zuvor hatte Göring dem jungen Thiessen noch jovial auf die Schulter geklopft: „Wenn Du mal ein Problem hast, kannst Du dich jederzeit an mich wenden." Boy Thiessen: „Während meiner Zeit als Soldat habe ich an dieses Angebot öfters gedacht. Angenommen habe ich´s dann aber doch nicht."

Der Endsieg hing am seidenen Faden

Hitlers Geheimwaffe: Okkulte Praktiken

Nachdem Adolf Hitler im Kampf um die Weltherrschaft alle seine Truppen ins Feld geworfen hatte, ließ er noch eine geheime Reserve aufmarschieren: Hell-seher sollten die Mächte zwischen Himmel und Erde bemühen. Beim Oberkommando der Kriegsmarine wurde eigens eine Dienststelle eingerichtet, um Bündnispartner im Jenseits zu beflügeln. Den Impuls zu dieser psychologischen Kriegsführung der etwas anderen Art soll der Kriegsgegner gegeben haben: Mit Hilfe eines neuartigen Ortungssystems war es England gelungen, immer öfter deutsche U-Boote aufzuspüren. Es verbreitete sich daraufhin das Gerücht, die Briten hätten Experten angeworben, die mit Hilfe von Pendeln die Standorte der gegnerischen U-Boote ermitteln konnten. Fortan vertraute auch die deutsche Armee auf übersinnliche Kräfte:

Ein Kreis Auserwählter ließ tagein, tagaus an dünnen Fäden hängende Bleigewichte über den Seekarten kreisen, um feindliche Kriegsschiffe aufzuspüren. Doch die Ergebnisse ließen zu wünschen übrig. Das hektische Berlin schien kein guter Ort für okkulte Praktiken zu sein. Also wurde die Einheit im Sommer 1942 nach Sylt verlegt. Ein halbes Dutzend Seher pendelte, was das Zeug hielt. Für jeden von ihnen hatte man ein ruhiges Privatquartier angemietet, nur zu den Mahlzeiten traf die gesamte Gruppe zusammen. Doch auch das gesunde Reizklima an der See wirkte sich nicht eben förderlich aus. So wurde das Unternehmen bereits nach wenigen Wochen wieder abgebrochen. Auf die Geister, die man rief, hatte man vergeblich gewartet.

Der Bau des Rantum-Deichs bedeutete für die 700 Arbeiter Knochenarbeit.

Blick auf das Rantum-Becken in Richtung Nordwesten.

Luftschlösser im Rantum-Becken

Vom Seeflughafen bis zum Vogelschutzgebiet

Die Insel Sylt war durch ihre Randlage für die Machthaber des Dritten Reichs von erheblicher strategischer Bedeutung. Sie wählten daher Sylt als Standort für einen neuen Seeflughafen aus. Im Frühjahr 1936 wurde damit begonnen, zwischen Tinnum und Rantum einen fünf Kilometer langen, fünfeinhalb Meter hohen Damm durch das offene Wattenmeer zu bauen. Zeitweise waren bis zu 700 Arbeiter Tag und Nacht im Einsatz. Untergebracht waren sie in einem großen Barackenlager, das sich in einem Dünental auf dem Gelände des heutigen Jugenderholungsheimes Dikjen Deel befand. Der 82jährige Heinrich Behrend erinnerte sich: „Nach getaner Arbeit waren wir abends oft so geschafft, daß einige von uns an einem Stock in die Baracken gingen."

Am 12. August 1937 wurde der Rantum-Damm geschlossen. Der künstlich angelegte Seeflughafen mit seiner Wassertiefe von knapp drei Metern verfügte über Start- und Landebahnen auf einer Länge von bis zu 3500 Metern. Doch das Unternehmen erwies sich als ein gewaltiger Fehlschlag: Schon bei den ersten Starts zeigte sich, daß die Flugzeuge nur mühsam an Höhe gewannen – man vermutet heute, daß es an den nötigen Aufwinden fehlte und die Wasseroberfläche im Rantum-Becken zudem so glatt war, daß sich die Kufen der Wasserflugzeuge nur schwer lösen konnten.

Nach Kriegsende installierten englische Pioniere 1947 im Rahmen der Entmilitarisierung an verschiedenen Stellen des Deiches Sprengladungen. Buchstäblich in letzter Minute konnten der Amtmann und Regierungsstellen erfolgreich intervenieren. Nun begann eine lang andauernde Diskussion über die weitere Nutzung der eingedeichten Bucht. Ende der 40er Jahre keimte die Idee, das Rantum-Becken als Anbaugebiet für Reet zu nutzen, mit dem die Dächer der Friesenhäuser eingedeckt werden, oder aber – wie die „Sylter Rundschau" 1949 meldet – „für wassersportliche Veranstaltungen des Kurbetriebs". In den 50er Jahren plante man, das Rantum-Becken trockenzulegen und aus der rund 560 Hektar großen Fläche „als Weide- und Gemüseland mit Gehöften Vorteil zu ziehen, da die Insel Sylt bisher in großem Umfange Milch und Frischgemüse vom Festland einführen muß. Außerdem dienen die Maßnahmen zur Trockenlegung und Nutzbarmachung nicht nur der Ernährung unseres Volkes, sondern geben auch etwa 40 Familien Arbeit, Brot und Heim." Anfang der 60er Jahre schließlich wollte man eine Mülldeponie ansiedeln. Keines dieser Luftschlösser wurde je gebaut. Statt dessen hatten im Lauf der Jahre gefiederte Gäste das Rantum-Becken in Besitz genommen. Auf der Insel entwickelte sich eine sehr kontroverse Diskussion über ein mögliches Vogelschutzgebiet. 1962 erreichte der in dieser Frage besonders engagierte Verein Jordsand, daß das ganze Gebiet unter Naturschutz gestellt wurde. Die Vogelwelt gedeiht prächtig: Mittlerweile reisen Ornithologen aus ganz Deutschland an, um die über 50 Vogelarten zu beobachten, die im Rantum-Becken brüten oder rasten.

Vom Schießplatz zum Parkplatz

Militärische Relikte in Braderup

Am Ortsrand von Braderup, da, wo sich Wanderwege durch die Heide hinab zum Wattenmeer schlängeln, befindet sich ein mit Betonplatten ausgelegter Parkplatz, der an der Ostseite von einem großen, halbrunden Erdwall begrenzt wird. Was den Resten einer vorgeschichtlichen Ringburg ähnelt, wurde indes erst in wesentlich jüngerer Zeit von Menschenhand geschaffen: Die Betonplatten sind die Reste einer militärischen Anlage aus dem Jahr 1940. Hier standen Flugzeuge zur Inspektion ihrer Bordwaffen – und der Wall diente bei den dafür notwendigen Schießübungen als Kugelfang.

Wo einst Flugzeuge überprüft wurden, befindet sich heute ein Parkplatz, hinter dem der Erdwall noch gut erhalten ist.

Auf Leben und Tod

Todesstrafe für Ehebrecher

So rauh waren früher die Sitten

Ein Seitensprung kostet heute schlimmstenfalls Unterhalt. Früher kostete er das Leben. Denn mit Ehebrechern gingen die Sylter hart ins Gericht. Wer einmal sündigte, dem sprach das Familiengericht eine unmißverständliche Warnung aus: Vermummte Gestalten lauerten dem Ertappten bei Dunkelheit auf und führten ihn, ohne ein Wort zu reden, zu einem steilen Abhang, vor ein tiefes Wasser oder an ein offenes Grab, wo sie ihn stehen ließen. Noch im 18. Jahrhundert wurde diese drastische Art der Abschreckung praktiziert. Wer aber weiterhin vom Pfad der Tugend abwich, um den war es geschehen. Hatte die Frau das Ehegelübde gebrochen, so oblag es zumeist dem Ehemann, Rache zu üben. Denn am Hochzeitstag war es Sitte, daß der Mann sein Schwert über der Haustür ins Reetdach steckte. Die Frau schritt unter dem Schwert ins Haus und erkannte den Gemahl damit als ihren Herrn an – der im Falle der Untreue das Recht hatte, sie zu töten. Wenn also die schlimmste aller Strafen beschlossene Sache war, dann wurde die Ehebrecherin nachts zum Meer geführt und dort ertränkt. Die letzte überlieferte Tötung hat sich auf Sylt im Jahre 1640 zugetragen. Noch im vergangenen Jahrhundert soll den Westerländern der Weg bekannt gewesen sein, auf dem man die Unglücklichen zum Strand geführt hatte.

Ein Begräbnis wird zum Erlebnis

Der Friedhof der Heimatlosen

In der Westerländer Innenstadt, unweit den geschäftigen Fußgängerzonen, liegt ein Grundstück, das sich in das Bild nicht so recht fügen will, das die trutzigen Appartementburgen der Umgebung abgeben. 53 schlichte, hölzerne Kreuze stehen da auf gepflegtem Rasen, rosenumrankt. Es ist ein Friedhof, ein Friedhof der Heimatlosen. Jedes dieser Kreuze, die da in stummer Reihe die Gräber zieren, gibt Kunde von einem Schicksal, das keiner kennt. Nur der Zeitpunkt der Beerdigung und der Name des Ortes, an dessen Strand man die Toten fand, ist auf den namenlosen Kreuzen vermerkt. Ehe der Strandvogt Wulf Hansen Decker den Friedhof der Heimatlosen – damals noch weit vor den Toren der Stadt – anlegen ließ, hatte man die Wasserleichen gleich und ohne Umstände in den Dünen nahe der Stelle verscharrt, wo sie am Strand angespült wurden. Am 3. Oktober 1855 wurde der erste Sarg in die Erde versenkt – er barg die Leiche eines englischen Lotsen –, 1907 der letzte Tote zu Grabe getragen. 53 sind es an der Zahl, und darunter ist nur eine Frau.

Nun hätte man meinen können, daß diese Beerdigungen in aller Stille stattgefunden hätten. Weit gefehlt. Für die Sommerfrischler war es ein Ereignis, einem solchen Begräbnis beizuwohnen. Anno 1900 schrieb ein Gast in sein Tagebuch: „Gestern ist eine Leiche bei Rantum an die Insel getrieben. Heut' nachmittag war das Begräbnis auf dem Friedhof der Heimatlosen. Die Leiche hatte während der Nacht in einem Schuppen gelegen. Sie wurde auf einem rasselnden Bauernwagen an den Friedhof geschafft, wo eine Grube gegraben war und sich ein paar Hundert neugierige Menschen versammelt hatten. Herren in Strandschuhen, weißen Anzügen und bunten Mützen. Damen in Tenniskostümen, hellen Hüten und roten Sonnenschirmen. Darüber ein jubelnder Sommertag mit strahlendem Himmel. Wer es aus der Ferne sah, hätte meinen können, daß es sich um irgendein Fest im Freien handle. Einige Fotografen waren auch anwesend, die das Begräbnis im Bilde festhalten und am nächsten Tage für fünfzig Pfennig verkaufen wollten."

Der Friedhof der Heimatlosen: Einst in unberührter Landschaft gelegen – heute von wuchtigen Appartementhäusern umgeben.

Gewaltmarsch durch die weiße Wüste

Auf die Eisschiffer war Verlaß

Bevor im Jahr 1927 der Bau des Hindenburgdamms vollendet und damit eine dauerhafte Verbindung zum Festland geschaffen wurde, führte nur der Seeweg nach Sylt. Das war im Sommer kein sonderliches Hindernis. Wenn sich aber in strengen Wintern ein Eisgürtel um die Insel legte und dennoch Post und Medikamente herangeschafft werden mußten, dann schlug die Stunde der unerschrockenen Eisschiffer. Vier oder fünf Mann machten sich gemeinsam auf den Weg durch die weiße Wüste. Das war jedes mal ein beschwerlicher Gewaltmarsch: Mit großen Mühen schoben die Männer das Boot übers Eis, ruderten durch offene Wasserstellen, und das über Stunden hinweg. Wenn dann noch die Kälte durch die Kleidung kroch und die Schiffer mit ihren schweren Stiefeln, die ihnen bis zur Hüfte reichten, im Eis einbrachen, schwanden die Kräfte. Dennoch machten sich die unerschrockenen Männer immer wieder auf den Weg – allein zwischen 1885 und 1913 genau 639 mal.

Am 15. Januar 1923 legte das Eisboot in Morsum zu seiner letzten Fahrt ab, und noch einmal sollte es ein gefahrvolles Wagnis werden: Um 6 Uhr morgens hatten sich die Eisschiffer auf den Weg gemacht und Klanxbüll gegen 12 Uhr mittags erreicht. Zwei Stunden später traten die Männer den Rückweg an – doch Morsum erreichten sie erst um 11 Uhr des nächsten Tages. Unterwegs war ein schwerer Sturm aufgezogen und hatte die Eisdecke aufgebrochen; so verbrachten die Männer die Nacht auf einer großen Eisscholle. Eine andere Fahrt hat der Keitumer Eisschiffer Thomas Selmer detailliert festgehalten. Was sich im Januar 1868 auf einer Fahrt vom dänischen Emmerleff zum etwa 30 Kilometer entfernten Munkmarsch ereignete, läßt die Strapazen anschaulich erahnen:

„Den 25. Januar morgens um 3 Uhr hatten wir unser Boot in Emmerleff in tieferes Wasser gebracht. Der Wind war nachts auf Südost gegangen, nahm aber verbunden mit Frost und Schneefall heftig zu. Indem nun der Wind so heftig wurde, ließen sich keine Segel auf dem kleinen Boot führen; wir nahmen also die Riemen zur Hand, zum Teil, um auch wegen des heftigen Frostes in Bewegung zu kommen und warm zu bleiben. Da der Wind stärker geworden war und die See hoch ging, nahm unser Boot viel Wasser über, welches sich sofort in Eis verwandelte. Auch bekam das Boot an der Außenseite eine 6 bis 7

Zentimeter dicke Eisrinde. Da war ich genötigt, mehr nach Jordsand *(eine kleine Insel zwischen List und dem dänischen Festland)* zu steuern. Leider war das Eis aber so stark, daß das Boot gleich darin fest-sitzen blieb. Um 8 Uhr begann die Arbeit, nach Jordsand zu kommen; es war eine Strecke von 200 Schritt. Auf dieser Strecke wurde mit drei Mann bis abends 7 ½ Uhr gearbeitet. Ich befahl meinen Leuten, je zwei Riemen zusammenzubinden; ein Mann mußte sich auf die Riemen auf jeder Seite des Bootes stellen, diese mit den Händen anfassen und fort-zuziehen suchen. Doch das Eis war nicht stark genug, so daß wir zuweilen bis an den Leib ins Wasser fielen und uns die Kleider und Stiefel fest froren. Doch diese Art, das Boot zu schleppen, war das einzige Mittel, um vorwärts zu kommen. Endlich, um 7 ½ Uhr abends waren wir mit dem Boot auf Jordsand. Zwei Postbeutel und die Bootssegel wurden mitgenommen.

Auf Jordsand fanden wir die kleine, nur im Sommer von einem Hirten bewohnte Hütte halb voll Schnee, doch auch etwas altes nasses Stroh darin. Ich hatte noch 6 Stück Reibehölzer in meiner Westentasche ziemlich trocken erhalten, und es glückte

mir, diese in Brand zu bringen sowie das vorrätige Stroh und etwas altes Holz; allein unser Proviant bestand nur aus ½ Pfund Brot und ½ Pfund Speck. Wir versuchten, unsere Kleider auszuziehen und selbige soviel wie möglich aufzutauen und zu trocknen; da aber kein Ofen da war, konnten wir das Feuer nur hinhalten, uns zu wärmen. Müde und schläfrig, wie wir waren, verbrannten wir unsere Strümpfe. Mit Tagesanbruch hofften wir auf hellsichtes Wetter, da wir die Tour nach dem Festlande zu Fuß übers Eis zu machen beabsichtigten. Um 7 ½ Uhr morgens wurde die Fußtour angetreten. Eine halbe Stunde ging es hastigen Schrittes vorwärts. Ungefähr halbwegs nach dem Festlande mußten wir durch zwei Fuß tiefes Wasser waten. Als dieses überstanden war, kam Eis, in Berge zusammengeschobene Eisschollen, die wir manchmal auf Händen und Füßen überklettern mußten. Endlich kam eine Tiefe, wo wir bis über die Hüften durch das Wasser waten mußten. Um 11 ¼ Uhr vormittags landeten wir auf dem Festlande, woselbst sich auch sofort nach uns die Flut einstellte."

Der Maler Victor Zeppenfeld hat den Eisbootfahrer Thomas Selmer 1893 mit diesem Gemälde verewigt. Es hängt heute im Heimatmuseum in Keitum.

Das gab´s nur einmal

Sylt – auf Eis gelegt

Eine Autofahrt übers Meer

Üblicherweise sind die Winter auf Sylt eher mild, doch gelegentlich kommt es auch mal anders: Der Januar des Jahres 1963 bringt der Insel eine sibirische Kälte, wie man sie zuvor selten erlebt hat. Das Thermometer mißt minus 22 Grad, und der Frost hat selbst das Meer zum Erstarren gebracht. Meterhoch türmen sich am Strand die Eisschollen. Bis zum offenen Meer erstreckt sich ein 20 Kilometer breiter Treibeisgürtel. Still ruht die See. Soweit das Auge reicht: eine einzige Antarktis. Ein Anblick, wie er unwirklicher kaum sein kann.

Aber die lausige Kälte hat auch ihr Gutes. Das Wattenmeer zwischen Sylt und dem Festland ist zugefroren und kann bequem die Last eines Autos tragen. Schon bald markieren immer mehr Reifenspuren eine Schneepiste, die hundert Meter parallel zum Hindenburgdamm verläuft. Die Deutsche Bundesbahn hat das Nachsehen – nur die Ängstlichen verlassen sich auf den Autozug.

Was für ein wundersames Phänomen – wovon ein Urlauber lebhaft zu berichten wußte: „Eine Autobahn übers Watteneis – die Fahrt war eine Wucht. In Niebüll rechts um die Ecke und dann immer dem vorausfahrenden Wagen nach – am besten an einen Wagen mit einheimischem Nummernschild hängen. Das war ein Kommen und Gehen von und nach Sylt! Und jeder Fahrer strahlte ob der eingesparten Bundesbahn-Beförderungskosten und genoß die verbilligte Überfahrt für 120 Pfennig Benzingeld. Ach, war das schön: knallblauer Himmel und strahlende Sonnenwärme. Ich fuhr Spur. Vor mir ein Ford Taunus mit einer lustigen Fracht von Studenten und Mädchen und nur bedingtem Sinn für die Eisrevue. Es fuhr sich leicht und schön. Die Sonne sprang hüpfend über glitzernde Eiskristalle, umschmeichelte den knackenden Frost, der in den Schattenpartien der Eisblöcke auf die Nacht lauerte, und umsäumte den heraufziehenden Lokomotivqualm mit rosigen Spitzen. Da schnaufte die Bahn heran auf dem Damm, der jetzt wie ein dunkelschattiger Deich das Eis nach Süden abgrenzte. Eine Lok, vier Rungenwagen, und auf dem letzten ein Volkswagen mit 22 Mark Beförderungskosten und einem Fahrer, der auf Nummer sicher geht. Naja, sicher ist sicher, denn vor der Inselküste entdeckte ich einen, der im Eise saß; und wenn das Chassis aufliegt, dann gute Nacht! Drum blieb ich mit meinem Auto brav in der Spur und konnte bald meinen Vermietern ‚Guten Tag' sagen."

Die Morsumer Bauern konnten sich in jenen Wochen so manche Mark nebenbei verdienen. Wenn wieder ein Auto im Eis eingebrochen war, dann mußten sie mit ihren Treckern ran. Ein solches Mißgeschick blieb zumeist nicht ohne Folgen: Das aggressive Salzwasser hatte sich in die Unterböden der Fahrzeuge gefressen, und wie die Morsumer zu erzählen wissen, soll es für manchen Autobesitzer bei der nächsten TÜV-Untersuchung ein böses Erwachen gegeben haben.

Nordseewasser geht auf Reisen

Ein Berliner Hotelier hatte eine außergewöhnliche Idee

„Zwischen Sylt und Berlin besteht eine besondere Verbindung, sicherlich auch dadurch, weil Berlin bis zum Zusammenbruch der DDR ja sozusagen auch eine Insel war. Viele Berliner verbringen ihren Urlaub auf Sylt, und von Seiten der Kurverwaltung Westerland haben wir uns immer um eine gute Pflege der Kontakte bemüht. Ich kann mich an viele Dienstreisen nach Berlin erinnern. Einmal, es war Anfang der 70er Jahre, saßen wir abends an der Bar des Hotels ‚Arosa' in West-Berlin, in der Lietzenburger Straße. Und wie das so ist: Man trinkt ein paar Bierchen zusammen, klönt über Gott und die Welt. Da sagte der Geschäftsführer des Hotels plötzlich: ‚Unser Haus kriegt bald ein neues Außenschwimmbad. Wäre das nicht ein Gag, wenn wir es zur Einweihung mit Nordseewasser füllen?' Gesagt, getan: Die Deutsche Bundesbahn hat mitgespielt und uns einen kostenlosen Transport des Wassers zugesagt. Am Westerländer Bahnhof wurden dann mehrere Waggons mit 5000-Liter-Behältern bereitgestellt. Die wurden auf Tiefladern zum Strand gefahren und von der Westerländer Feuerwehr mit Meerwasser gefüllt. Dann ging's wieder zum Bahnhof und ab in Richtung Berlin. Das Schwierige an den ganzen Geschichte war der umständliche Papierkram. Die Genehmigungen, die von den Behörden für den Transport durch das Gebiet der DDR verlangt wurden, füllten bei uns bald einen halben Aktenordner. Das kostete wirklich Nerven. Na ja, am Ende hat dann aber doch alles geklappt. Das Hotel ‚Arosa' hat die Aktion natürlich gebührend vermarktet: Als das Wasser in den Pool gefüllt wurde, waren Presse und Berliner Lokalprominenz anwesend. Ich selbst bin bei der Einweihungsfeier in der Verkleidung des Sylter Meeresgottes Ekke Nekkepenn aufgetreten. Und wurde dann prompt genötigt, in voller Montur das erste Bad zu nehmen."

(Erzählt von dem ehemaligen Werbeleiter der Kurverwaltung Westerland)

Das Wattenmeer als Konzertsaal

Für eine Pianistin erfüllt sich ein Herzenswunsch

Angenommen, Sie stehen an einem Ihrer Urlaubstage zeitig auf, um einen ausgedehnten Morgenspaziergang am Wattenmeer zu unternehmen. Es liegt schon eine gute Strecke hinter Ihnen, als der Wind plötzlich Musik übers Meer trägt. Sie gehen noch ein Stück weiter, da erblicken Sie draußen im freiliegenden Watt zwischen den flachen Prielen eine Dame in festlicher Abendrobe, die auf einem Flügel spielt. Würden Sie Ihren Sinnen trauen? An eine Fata Morgana glauben? Im August 1994 hat sich eben diese Szene tatsächlich abgespielt. Seinen Ursprung hatte das ungewöhnliche Ereignis in der Leseraktion einer großen deutschen Zeitschrift. Unter dem Motto „Träume werden wahr" hatte die Zeitschrift versprochen, außergewöhnliche Wünsche zu erfüllen. Einen solchen hatte eine Leserin, die sich als Konzertsaal das Wattenmeer und als Publikum einen Schwarm Möwen erwählt hatte. Und so schleppten ein paar kräftige Gemeindearbeiter an einem schönen Augusttag um 5 Uhr morgens einen Flügel ins Lister Watt. Die Dame griff begeistert in die Tasten – erst die einsetzende Flut zwang die Pianistin dazu, von der Bühne abzutreten.

„Blumenpflücken während der Fahrt verboten"

Geschichten von der Inselbahn

Fast hundert Jahre lang versah sie brav ihren Dienst, schnaufte unermüdlich von einem Inselende zum anderen und bahnte sich dabei keuchend ihren Weg über Steigungen und durch Sandverwehungen. Fraglos: Die Inselbahn hat ein Stück Inselgeschichte geschrieben.

1888 war der erste Schienenstrang von Munkmarsch nach Westerland verlegt worden, um den per Schiff anreisenden Badegästen Zeit und die recht unkomfortable Kutschfahrt zu ersparen. 1902 wurde die Strecke von Westerland nach Hörnum eingeweiht, 1903 eine Trasse bis Kampen verlegt und 1908 bis List erweitert.

Es war eine beschauliche Zeit, und niemand hatte es sonderlich eilig. Morgens fuhren die Züge aus den Inseldörfern gelegentlich mit Verspätung ab, wenn der Lokführer mal wieder geduldig auf einen Bekannten wartete, der verschlafen hatte. Es war auch nichts Ungewöhnliches, wenn mitten auf der Strecke ein unplanmäßiger Halt eingelegt wurde, damit ein Fahrgast aus- oder zusteigen konnte. Zwischenstation wurde auf offener Strecke auch dann gemacht, wenn ein Fahrgast ein dringendes menschliches Bedürfnis verspürte, denn Toiletten gab es in den Waggons nicht.

„Oft haben wir Sand oder Schnee von den Schienen geschippt", erinnert sich ein ehemaliger Lokführer. Und bei ansteigendem Gelände kam's auch schon mal vor, daß der Lok die Puste ausging. „Dann mußte man halt zurücksetzen und neuen Anlauf nehmen."

Groß war das Malheur, wenn ein Lokführer das Tempo auf abschüssiger Strecke unterschätzte und der Zug aus den Schienen lief. Dann wurde vom nächsten Streckentelefon der Gerätewagen alarmiert, der den Zug mittels Winden und Hölzern wieder auf den rechten Weg brachte. Das konnte bis zu zwei Stunden dauern, und wenn man sich gerade inmitten einer Dünen-Einöde befand, mußten die Passagiere wohl oder übel geduldig ausharren.

Die Sylter und die Badegäste liebten ihre Inselbahn. „Rasende Emma", „Käseschieber", „Nivea-Schnellzug" und „Feuriger Elias" – mit solch liebevoll-despektierlichen Kosenamen wurden die Bummelzüge, die es in den Anfangsjahren kaum auf 30 Stundenkilometer brachten, bedacht. Ein geläufiger Ausspruch lautete: „Blumenpflücken während der Fahrt verboten". Überliefert ist auch folgende liebenswerte Anekdote: Da hatte der Zug wieder einmal einen guten Teil der Strecke zwischen Westerland und Kampen hinter sich gebracht und stand nun keuchend am Wenningstedter Bahnhof, um sich für die Weiterfahrt zu erholen. Da sah der Lokführer einen sichtlich erschöpften Wanderer des Weges kommen und bot ihm mitleidig an, doch einzusteigen. „Nö, danke", lehnte der Angesprochene ab, „ich hab's eilig!"

Dem Charme der Inselbahn konnte man sich eben nur schwerlich entziehen – und daher wurden ihr von den Kurgästen viele liebevolle Gedichte gewidmet. Zum Beispiel dieses hier:

Von Hörnum bis zum Roten Kliff,
vom Kliff bis List im Norden
bist du durch den markanten Pfiff
den Gästen liebgeworden.

Du ratterst übers Inselland,
weithin ertönt dein Fauchen.
Du fährst schon fünfzig Jahr durch Sand
und bist noch zu gebrauchen.

Elias, feuriger Gesell,
fahr' fort im Kleinbahnstile.
Das heißt: Dreiviertelmittelschnell
– du kommst auch so zum Ziele.

Und blickst du auf die großen Loks,
die übers Festland jagen:
Sie brauchen alle viel mehr Koks,
das laß' zum Trost dir sagen!

1970 – das Schicksalsjahr für die Inselbahn. Von nun an übernahmen Busse das Geschäft. Denn rund 20 Millionen Mark wären nötig gewesen, um die maroden Gleisanlagen zu sanieren. Wo einst Züge verkehrten, verlaufen heute Fahrradwege. Geblieben ist die wehmütige Erinnerung der älteren Sylter und Gäste – und die immer wieder kursierende Idee, potente Geldgeber zu finden und der Inselbahn neues Leben einzuhauchen.

Die Straße
der Höflichkeit

Ohne Hast von Rantum nach Hörnum

Wer's eilig hatte oder ein mürrischer Knochen war, für den stellte eine Autofahrt von Rantum nach Hörnum – oder umgekehrt – noch bis vor einigen Jahren eine wahre Nagelprobe dar. Denn nur eine gehörige Portion Geduld und Gelassenheit führten ans Ziel. Die schmale Straße war nämlich einspurig, in Ausweichbuchten mußte man den Gegenverkehr abwarten. Das bewog den anderen Fahrer zu einem freundlichen Nicken und brachte der Straße ihren Namen ein: „Straße der Höflichkeit". Ein Sylter erinnert sich noch gut daran: „So etwa alle 200 Meter gab's einen Ausweichplatz, wenn man den anderen zu spät sah, tja, dann mußte man wohl oder übel zurücksetzen. Andere Möglichkeiten gab's ja nicht, denn neben der Straße war nur Sand – da wollte sich natürlich keiner festfahren."

1961 vermeldete die „Sylter Kurzeitung" eine Neuerung: „Seit kurzem sind an der ‚Straße der Höflichkeit' seezeichenähnliche Stangen aufgestellt worden, die schräg nach unten auf die an diesen Plätzen befindlichen Ausweichen zeigen. Dadurch wird dem Autofahrer ermöglicht, sich schon frühzeitig auf entgegenkommende Wagen einzustellen. Auch die Zahl der Ausweichen selbst soll in nächster Zeit im Interesse der Verkehrssicherheit noch erhöht werden." Obwohl man es sich heute kaum vorstellen kann: Die meisten Sylter und Gäste hatten die „Straße der Höflichkeit" liebgewonnen. Ein Urlauber schrieb begeistert: „Die Straße von Rantum nach Hörnum führt durch eine Dünen-Urlandschaft, durch eine tote Mondlandschaft, durch eine einsame, ganz einsame Mondlandschaft. An Ausweichstellen muß man warten, wenn sich ein Verkehrsfreund nähert. Und siehe: Man wartet. Man grüßt sogar freundlich. Wirklich, das gibt es nur auf Sylt, dieses freundliche Warten und freundliche Winken. Wunderschön ist das."

Längst ist die „Straße der Höflichkeit", wie so vieles für Sylt einstmals Typisches und Liebenswertes, nur noch eine blasse Erinnerung: 1970 verschwand die Inselbahn, im selben Jahr wurde die „Straße der Höflichkeit" zweispurig ausgebaut und damit eine ganz ordinäre Straße wie alle anderen.

Zu guter Letzt

Ein Stück Inselbahn für daheim

Die Bahn verloste gleich einen ganzen Waggon

Kaum ein Urlauber fährt ohne sie nach Hause. Ob Friesenschmuck in feinem Silber oder bunte Ansichtskarte, ob Buchlektüre oder Muschelkästchen, zumindest aber der obligatorische Autoaufkleber mit der markanten Silhouette der Insel – Sylt-Souvenirs sind beliebt seit eh und je. Findige Unternehmer, aber auch die Kurverwaltungen verdienen damit Jahr für Jahr erkleckliche Summen. Doch es gibt auch solche Andenken, die es nicht zu kaufen gibt – aber zu gewinnen. Mit einem ganz außergewöhnlichen Preis lockte etwa die Deutsche Bundesbahn im Jahr 1972

die Leser ihres Reisemagazins „Schöne Welt". Der Hauptgewinn eines Preisausschreibens nämlich war ein kompletter Waggon der Sylter Inselbahn, die zwei Jahre zuvor ausrangiert worden war. Wer nun nicht gerade einen Güterschuppen sein eigen nennen oder zumindest doch einen ausgedehnten Garten als Abstellfläche vorweisen konnte, den tröstete die Bahn mit dem Hinweis: „Sollte der Gewinner mit einem alten Eisenbahnwaggon nichts anzufangen wissen, kann er ihn gegen eine wertvolle Reise eintauschen."

Retter in der Not

Die Chinesen dankten es dem Kapitän Teunis

In der Diele eines Keitumer Friesenhauses prangt eine Tafel, die so ganz anders aussieht als der übliche Sylter Wandschmuck. Man braucht nicht der Fremdsprachen kundig zu sein, um auf den ersten Blick zu erkennen, was sich hinter den goldenen Schriftzeichen verbirgt: eine chinesische Inschrift. Wie aber gelangte die Tafel nach Sylt? Die Geschichte beginnt im Jahr 1882. Der Keitumer Kapitän Edward Teunis, Sproß einer alten Sylter Seefahrerfamilie, segelte mit seinem Schiff „Hilda Maria" in der Weihnachtsnacht selbigen Jahres über das Gelbe Meer, als der Ausgucksposten Schiffbrüchige entdeckte. Teunis nahm 14 entkräftete Chinesen an Bord und rettete ihnen so das Leben.

Im Februar des folgenden Jahres zollte China dem Sylter Kapitän offiziellen Dank in Form einer Gedenktafel, die ihm übersandt wurde. Die Tafel aus Edelholz mit ihren stattlichen Ausmaßen von eineinhalb Meter Länge und 60 Zentimetern Höhe zeigt goldene Schriftzeichen auf blauem Grund. Die wörtliche Übersetzung der Inschrift lautet wie folgt: „Eine Tat – wert in die Winde geweht zu werden. Preiswürdiger Edelmut. Das Kauffahrtschiff Shuang T'ai Shun aus Chin Chou bei Tong T'ien segelte mit einer Ladung Bohnen nach dem Süden, als es in einem Sturme Masten und Steuer verlor, so daß es dem Untergang nahe war. Auf dem Schiffe befanden sich 14 Personen, die von den Fluten fortgetrieben wurden und drei Nächte und drei Tage ohne Nahrung blieben. Da traf sie ein deutsches Segelschiff ‚Hilda Maria', und Kapitän Teunis (T'ai-Ni-Shih) rettete sie aus der Gefahr, pflegte sie und brachte sie nach Chefoo. Hier nahm ich die Unglücklichen auf und sorgte

für ihre Heimschaffung. Oft habe ich seither der edlen Tat des Kapitäns Teunis gedenken müssen. Es war, wie die Alten sagten, eine Freundschaft fest wie Gold und Stein, und Edelmut, der zum Himmel hinaufreicht. Jetzt sind In- und Ausland nur ein Land, und feste Bande umschlingen die Völker. Solch Edelmut und solch barmherziger Sinn, wie Kapitän Teunis bewiesen hat, finden bei hoch und niedrig die höchste Anerkennung. Aus dankbarer Gesinnung schrieb ich diese Zeilen. Von dem kaiserlichen Taotai von T'eng-Lai-Ch'ing in Shang Tung, Beamter der 2. Klasse, zugleich Direktor der Seezollbehörde in Chefoo, Fang Ju Yi, eigenhändig geschrieben." Als viele Jahre später ein Gast aus dem fernen Osten zufällig das Kapitänshaus in Keitum besuchte und die Tafel sah, sagte er: „In meiner Heimat wäre dieses Geschenk als Hausaltar aufgestellt worden, und wenn ich es dort gesehen hätte, so müßte ich nun wohl niederknien."

Die chinesische Gedenktafel ist bis heute erhalten geblieben und hat von ihrer Schönheit nichts eingebüßt. Daß sie die Zeiten so schadlos überdauert hat, ist jedoch allein einer glücklichen Fügung zu verdanken: Im Jahr 1971 legte ein Brandstifter das alte Friesenhaus in Schutt und Asche. Der heutige Besitzer, ein Sylter Architekt, der das Haus nach seiner Zerstörung so originalgetreu wie möglich wieder aufbauen ließ, erinnert sich an die dunklen Stunden: „Das Anwesen brannte bis auf die Grundmauern nieder. Nur fünf alte Stücke konnten wir vor den Flammen retten. Eins davon war die chinesische Gedenktafel."

Ein peinliches Mißgeschick

Und die wundersamen Folgen

Diesen gutgemeinten Rat kennt man: Wenn einer einen anderen unvermutet erschreckt, dann soll dies ein sehr wirksames Mittel gegen Schluckauf sein, ein heilsamer Schreck sozusagen. Ähnliches widerfuhr einem Mann mit Namen Jens Peters. Der Chronist Henning Rinken berichtet: „1725 im November war Jens Peters aus Braderup in Tinnum, um Gäste zu seiner Hochzeit einzuladen. Wie er nun von Peter Boy Schmit wegging, wollte dieser ihm einen Ehrenschuß mitgeben, weil aber, was er nicht wußte, das Gewehr scharf geladen, traf er den Bräutigam und verwundete ihn, zwar nur leicht, jedoch zu seinem Glücke, denn er, der Bräutigam, der bisher zuweilen nicht völlig bey Verstand war, hat hernach kein unverständiges Wort von sich hören lassen, er wurde vom Schreck genesen."

Ein Altar segelt übers Meer

Das Schicksal der Rantumer Kirche

Über Rantum sagte man früher, es sei das Dorf, das vor dem Sand fliehe. Denn immer wieder begruben die wandernden Dünen die Häuser, und auch die Kirche machte davon keine Ausnahme. Mehrmals wurde das Gotteshaus vom Sand verschüttet und mußte an anderer Stelle neu gebaut werden. Besonders hart meinte es das Schicksal mit der im Jahr 1757 erbauten St. Peter-Kirche, die bereits 44 Jahre später aufgegeben werden mußte. Darüber brachte ein Reisender zu Beginn des 19. Jahrhunderts das Folgende zu Papier: „Man beschrieb uns genau, wie es bei dem Untergange der Kirche zugegangen sei. Der Sand sei von allen Seiten Tag und Nacht herbeigeflogen, man habe die Fenster und Thüren nicht so dicht zuhalten können, daß er nicht überall eingedrungen sei, kein Schaufeln und Fegen habe geholfen. Da die Rantumer indeß zu arm gewesen, um ihre Kirche neu zu bauen, so hatten sie sich wenigstens so lange als möglich in derselben gehalten. Der ganze Boden und die Kirchenstühle seien später mit Sand ganz bedeckt gewesen, der Prediger habe mit seiner Kanzel mitten im Sand gestanden und die Gemeinde sich neben ihm auf den Sand gesetzt. Endlich habe sich die Kirche mit Sand völlig angefüllt, und man habe nur noch mit Müh durch die Thüren und Fenster in die Kirche hinein kommen können. Da habe man denn im Jahre 1801 den letzten Gottesdienst in ihr gehalten." Den Dichter Rudolf Kögel ergriff das Schicksal der Kirche so sehr, daß er während eines Aufenthaltes in Rantum dieses Gedicht verfaßte:

Der Friedhof war am öden Riff
im Sturm allmählich versandet;
die Kirche war, gleich manchem Schiff
an diesen Dünen gestrandet.

Der Rosenstrauch – verwelkt, verweht.
Der Leichenstein – versunken.
So wüst, als wär' selbst das Gebet
verdorrt hier und ertrunken.

Die Dünengräber, sie neigten sich mit,
und aus den Gräbern der Väter
tauchten sie empor mit Geisterschritt
und mischten sich unter die Beter.

Am 18. Juli 1801 wurde der letzte Gottesdienst abgehalten, inzwischen konnte man nur noch durch die Fenster in die Kirche gelangen. Bereits Wochen zuvor, am 3. Juni, hatte der Prediger an seine Vorgesetzten in Tondern geschrieben: „Da die Kirche daselbst schon zum Theil bis an die Fenster hinauf im Sande begraben stehet, so daß man in den letzten Zeiten nicht ohne große Mühe hat hineinkommen können, diese Versandung auch so überhand nimmt, daß der Gottesdienst nicht länger in der Kirche gehalten werden kann, sondern in dem in der Nähe liegenden Hause des Strandvogts Peter Taken, so ergehet unsere Bitte, daß Ihr je eher, je lieber, eine Abbrechung der Kirche verfügt." Der eindringliche Appell blieb nicht ungehört: Am 23. Juli wurde das Inventar der Kirche öffentlich versteigert, und zwar

Das Altarbild „Segen von oben" bildet heute den Mittelpunkt der Rantumer Kirchenkanzel.

wurde „alles, was darin erd-, wand- und nagelfest ist, zum Abbrechen verkauft". Das erste Gebot gab ein Jan Clasen mit 25 Talern ab, mit 52 Talern und 16 Schillingen erhielt der Westerländer Schiffer Ebe Pohn schließlich den Zuschlag. Das sei zwar, wie der Sylter Landvogt Busch notierte, „ein sehr geringer Preis, es dürfte aber schwerlich ein mehreres zu erhalten sein. Denn die Kaufliebhaber wurden durch die Lage der Kirche, welche sich seit der letzten Besichtigung noch um ein beträchtliches verschlimmert hatte, schon beym ersten Anblick abgeschreckt."

Ebe Pohn selbst war ein kauziger Bursche. Was er ersteigert hatte, das nahm er zu einem guten Teil mit auf sein Schiff. So schmückten nun Teile des Rantumer Altars und der Kanzel die Kajüte, tagein, tagaus schipperte er mit seinem Schiff, das nun den be-

zeichnenden Namen „Segen von oben" trug, durchs Wattenmeer. Unter den erworbenen Relikten befand sich auch ein Gemälde, das ein unbekannter Laienmaler 1757 anläßlich der Einweihung der Rantumer Kirche gemalt hatte. Die schlichte Darstellung des Abendmahls zeigt Jesus im Kreise seiner Jünger und weist folgende Inschrift auf: „Der Mensch prüfe sich selbst und also eße er von diesem Brote und trinke von diesem Kelche." Der Name des Schiffes ging im Laufe der Zeit auch auf das Gemälde über. Nach einer wechselvollen Geschichte gelangte der „Segen von oben" erst im Jahr 1965 in den Schoß der Rantumer Kirchengemeinde zurück. Heute kann man das Bild als Herzstück des Flügelaltars in altem Glanz bewundern. So hat sich der Kreis auf wundersame Weise geschlossen.

Der Untergang der „Lutine"

Daran erinnert eine Gedenktafel
in der Alten Dorfkirche

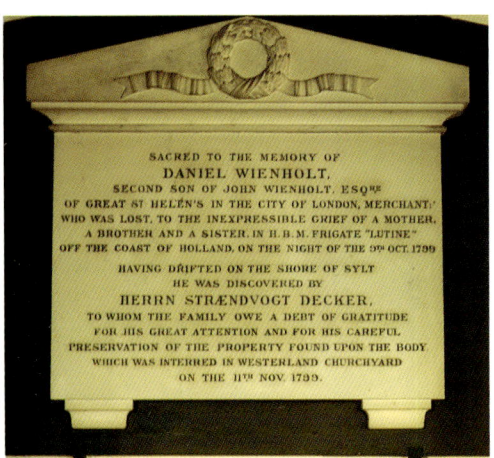

Wer der Alten Dorfkirche in Westerland einen Besuch abstattet, dem wird sicherlich eine große weiße Marmortafel auffallen, die im hinteren Kirchenschiff die Wand schmückt. Das augenscheinlich Besondere an dieser Tafel ist, daß sie eine englische Inschrift trägt. Und das ist die Geschichte dazu:

Am 11. November 1799 spült das Meer einen Leichnam an den Hörnumer Strand. Strandvogt Peter Taken entdeckt ihn bei seinem Rundgang. Der Tote trägt einen schwarzen Gehrock, ein weißes Hemd und darüber eine gelbe Weste. Man findet in seinen Taschen eine goldene Taschenuhr, ein weißes Taschentuch mit rot gestickten Verzierungen, zwei Briefe und eine notarielle Vollmacht, noch gut lesbar, ausgestellt auf einen Daniel Wienholt. Strandinspektor Broder Decker läßt die Leiche noch am selben Tag auf dem Friedhof an der Westerländer Dorfkirche beisetzen. Im folgenden gelingt es ihm, brieflichen Kontakt zu den Angehörigen aufzunehmen.

Und erfährt dadurch, welches Schicksal der englische Edelmann Daniel Wienholt auf der letzten Reise seines Lebens erlitt.

Im Oktober 1799 verläßt der Segler „Lutine" den englischen Hafen Yarmouth mit Kurs auf Hamburg. An Bord sind viele Geschäftsleute, die in Hamburg erhebliche Summen investieren wollen. Auch Daniel Wienholt ist unter den Passagieren. Doch das Schiff wird sein Ziel nie erreichen: Die „Lutine" kommt vom Kurs ab und läuft in der Nacht des 9. Oktober vor der holländischen Küste auf Grund. Niemand überlebt die Katastrophe. Zugleich sollen mit dem Schiff Goldbarren im Wert von mehr als 35 Millionen Mark in den Fluten versunken sein.

Bald hundert Jahre später, man schreibt das Jahr 1875, reist ein Neffe von Daniel Wienholt zum Grab seines verstorbenen Onkels. Gerührt über die Anteilnahme des Strandinspektors Decker stiftet er 500 Taler für die Orgel und eine Gedenktafel. Übersetzt lautet deren englische Inschrift: „Gewidmet dem Gedächtnis des Daniel Wienholt, des zweiten Sohnes des John Wienholt, Kaufmann zu Great St. Helen's in London, welcher zum unaussprechlichen Kummer einer Mutter, eines Bruders und einer Schwester mit H.B.M. Fregatte ‚Lutine' in der Nacht des 9. Oktober 1799 an der Küste von Holland verlorenging. An den Strand von Sylt getrieben, wurde er aufgefunden von dem Herrn Strandvogt Decker, dem die Familie große Dankbarkeit schuldet für seine große Aufmerksamkeit und sorgfältige Verwahrung des Eigentums der Leiche, die begraben wurde in Westerländer Kirchhofserde am 11. November 1799."

Eine goldene Taschenuhr
von Abraham Lincoln

Zum Dank für eine Rettung auf See

Zu den alteingesessenen Lister Familien gehören die Diedrichsens. Ihre Chronik läßt sich bis zum Beginn des 17. Jahrhunderts zurückverfolgen. Ein Ahne rettete Menschenleben – der amerikanische Präsident Abraham Lincoln dankte es ihm mit einem kostbaren Geschenk.

Zehn Jahre lang, von 1854 bis 1863, befuhr Kapitän Diedrich Cornelius Diedrichsen für die Hamburger Reederei Eggers mit dem Schoner „Voltigeur" und einer siebenköpfigen Crew die Strecke Hamburg-Venezuela. Zwei Fahrten pro Jahr unternahm der Schoner, der zu den schnellsten Schiffen seiner Zeit zählte. Bei einer dieser Fahrten sichtete Diedrichsen ein brennendes Schiff; es gelang ihm, die Besatzung – es waren Amerikaner – vor dem Flammentod zu retten. Wenig später, Abraham Lincoln war just zum amerikanischen Präsidenten ernannt worden, ließ

ihm dieser als Dank eine massive goldene Taschenuhr überreichen, die folgende Inschrift trägt: „The President oft the United States to Captain D.C. Diedrichsen of the Hamburg Schoner ,Voltigeur' for humanity to shipwreket american seamen". Die massive Uhr, die noch heute funktionstüchtig ist, liegt eingebettet in einer schwarze Schatulle, deren Innendeckel die Gravur des Juweliers – „Jewelier S. Lewis, Washington D.C." – aufweist.

Die Uhr befindet sich noch immer in Familienbesitz. Sie wird vom jeweiligen Familienoberhaupt wie ein Augapfel gehütet und von Generation zu Generation weitergegeben. Heute gehört sie dem Urenkel von Diedrich Cornelius Diedrichsen. Das gute Stück liegt sorgsam verwahrt in einem Bankschließfach und sieht nur zu besonderen Anlässen das Tageslicht.

Ein Plan stirbt –
die Vision lebt weiter

Ein Deich nach Föhr, eine Straße über den Damm?

Kaum hatte der Hindenburgdamm 1927 eine feste Brücke zwischen Sylt und dem Festland geschlagen, da spukten bereits weitere große Bauprojekte durch die Köpfe. Es war kein Geringerer als der spätere Reichsmarschall Hermann Göring, der diese Pläne vorantrieb. Göring, ein treuer Gast der Insel, hatte den Syltern im Jahr 1933 – er war just in Kampen zum Ehrenbürger ernannt worden – großspurig eine Deichverbindung hinüber zur Nachbarinsel Föhr versprochen, „so daß dem Meere das verschlungene Land wieder abgerungen wird und ein weites, fruchtbares Marschgebiet vielen Deutschen Platz, Brot und Arbeit gibt". Die „Sylter Zeitung" berichtete: „Hermann Göring ist ein Hauptprojekt ans Herz gewachsen: die Deichverbindung Sylt-Föhr. Die Bevölkerung kann versichert sein: Es wird gemacht!" Den großen Worten folgten jedoch keine Taten: Die immensen Kosten und später der Krieg machten die ehrgeizigen Pläne zunichte. Erst in den vergangenen Jahren wurde die Idee wieder aufgegriffen – diesmal aber aus einem anderen Grund: Ein Sylter Küstenschutzexperte plädierte energisch für einen Deich zwischen Sylt und Föhr, um den Sturmfluten ein Bollwerk entgegenzusetzen.

Aber dies war nicht das einzige Projekt, das angekurbelt werden sollte. Ebenfalls in den 30er Jahren sann man ernsthaft darüber nach, den Hindenburgdamm auch für den Autoverkehr freizugeben. Verschiedene Lösungen waren im Gespräch; favorisiert wurden dabei eine Verbreiterung des Dammes um etwa sechs Meter zugunsten einer Straße oder aber eine Verkleidung der Bahnschienen mit Bretterbohlen, damit Kraftfahrzeuge den Damm in zugfreien Zeiten passieren konnten. Dieses Thema beschäftigte die Bevölkerung in hohem Maße, wie diverse Zeitungsberichte und Leserbriefe insbesondere in den Jahren 1933 und 1934 dokumentierten. So gab ein Schreiber im Leserforum der „Sylter Zeitung" seiner Hoffnung Ausdruck, daß „unter dieser Voraussetzung zweifellos viele zahlungskräftige Gäste mit ihrem Wagen herüberkommen". Ein anderer sah im Geiste auf der neuen Straße bereits Autorennen stattfinden: „Das würde eine ideale Fahrbahn für den Autosport werden – freie Bahn auf der ganzen Strecke, denn es sind dort ja keine Häuser und Bäume vorhanden." Aber auch hier bremste der Zweite Weltkrieg das Vorhaben abrupt.

Noch Platz für eine Straße? Über einen Ausbau des Hindenburgdamms wurde wiederholt diskutiert.

Die Idee aber lebte weiter. Im Jahr 1952 beispielsweise orakelte der Landesverkehrsverband in seinem Grußwort anläßlich des 25jährigen Bestehens des Damms: „Vielleicht wirst Du, lieber Hindenburgdamm, eines Tages ein Schwesterlein bekommen, die Autostraße an Deiner Seite; sie soll Dir einen Teil der Last abnehmen, die Du zu tragen hast, weil die Zahl der Kinder dieses Schwesterleins – die Autos –

zu groß wird." Auch heute kommt der Vorschlag dann und wann erneut auf den Tisch. Die Deutsche Bahn aber wäre schön dumm, ihr Monopol aufzugeben, denn der Hindenburgdamm ist eine wahre Goldader: Allein an den Autozügen verdient die Bahn im Jahr schätzungsweise mehr als 50 Millionen Mark. Genaue Auskünfte will das Unternehmen nicht geben. Und das hat sicherlich seinen guten Grund.

Der Reichspräsident wird Patenonkel

Große Ehre für ein kleines Mädchen

Im Haus der Familie Johler geht es am Abend des 26. April 1925 fröhlich zu. Der Morsumer Pastor Hans Johler hat Freunde eingeladen, denn es gibt Grund zum Feiern: Wenige Stunden zuvor wurde Töchterchen Karin getauft. Der Pastor schenkt gerade nach, da klingelt das Telefon. Die Nachricht läßt ihn und seine Gäste aufhorchen. Der Reichstag hat den greisen Kriegsveteranen Paul von Hindenburg im zweiten Wahlgang zum Reichspräsidenten gewählt. Als die fröhliche Runde feierlich die Gläser erhebt, spricht Hans Johler einen folgenreichen Trinkspruch: „Für den Reichspräsidenten wie für meine Familie ist heute ein bedeutsamer Tag. Eine Patenschaft zwischen seiner Excellenz und meiner kleinen Karin würde diesen Tag wohl krönen." Nun erleiden solche Ideen jedoch meist das eine Schicksal - sie verschwinden in der Versenkung. So war auch diese Eingebung schnell vergessen - ehe sie zwei Jahre später überraschende Aktualität erlangte. Da nämlich stand die Einweihung des Hindenburgdamms bevor. Als Pastor Johler sechs Wochen vor dem Termin erfährt, daß Hindenburg selbst anwesend sein wird, setzt er einen Brief auf. Er berichtet darin von der Tauffeier und schreibt: „Den schönen Wunsch, Ehrenwerte Excellenz zu den Paten zählen zu dürfen, habe ich zurückgestellt, um Ehrenwerter Excellenz eine Mühe zu ersparen. Nun aber, wo Ehrenwerte Excellenz bei Einweihung des Dammbaus am 1. Juni auf dem Bahnhof Morsum hier begrüsst werden, würde es eine unvergesslich grosse Freude sein, wenn mein Töchterchen Ehrenwerter Excellenz als Paten dürfte einige Blumen überreichen. Sollte diese Bitte durch Ehrenwerter Excellenz Güte erfüllt werden, so würde die Freude über Ehrenwerter Excellenz Kommen, die hier allgemein gross ist, noch eine besondere werden. Euer gehorsamster Pastor Johler."

**Historischer Augenblick: Die zweijährige Karin Johler – auf den Armen ihrer Mutter –
überreicht dem Reichspräsidenten einen Blumenstrauß. Das Foto geht um die Welt.**

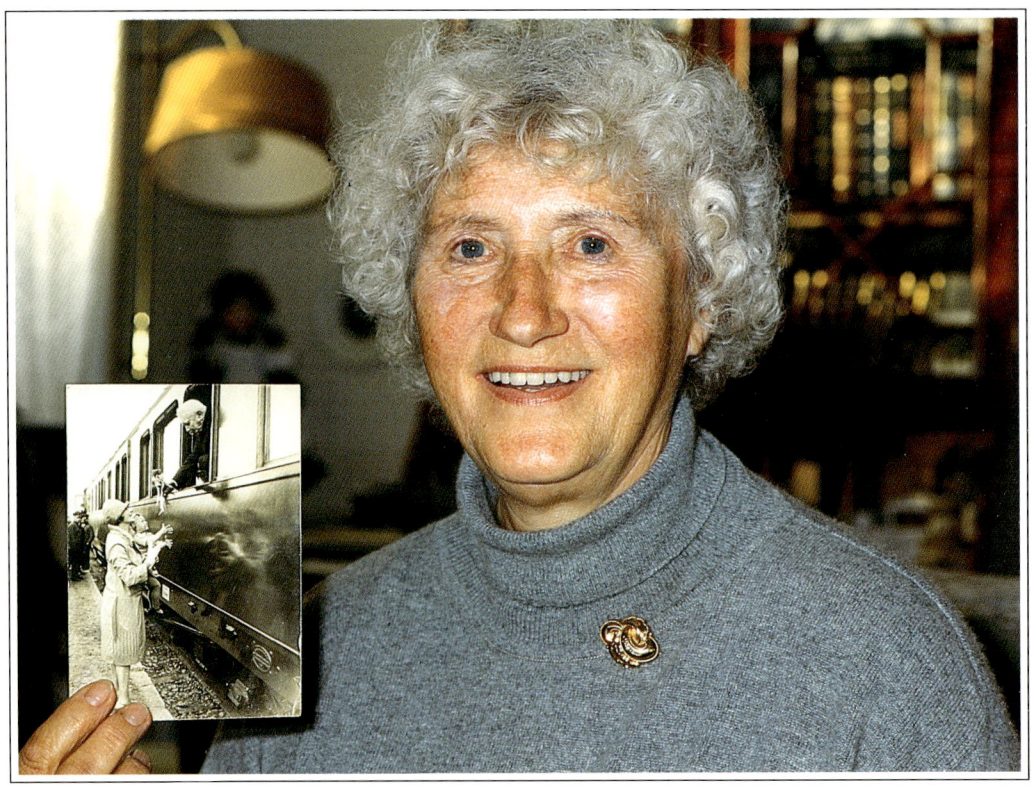

**Gelegentlich wird Karin Johler noch heute auf ihren berühmten Paten angesprochen.
Dann kramt sie auch schon mal die historische Fotografie hervor, die sie sorgsam verwahrt hat.**

Nur eine Woche später antwortet das Büro des Reichspräsidenten: „Der Herr Reichspräsident ist gern bereit, die Patenschaft über Ihr Töchterchen zu übernehmen", verbunden mit dem diskreten Hinweis, daß „bei der großen Anzahl der von dem Herrn Reichspräsidenten übernommenen Patenschaften irgend welche Verpflichtungen des Herrn Reichspräsidenten für später hieraus selbstverständlich nicht hergeleitet werden können". Unmißverständlich ist auch das Schreiben des Landrats, das Pastor Johler vier Tage vor der Dammeinweihung erhält: „Ich bin beauftragt, Ihnen mitzuteilen, daß während des kurzen Aufenthalts in Morsum erst der Gemeindevorsteher, dann die Dammbauarbeiter zur Begrüßung kommen. Der Strauß darf von dem kleinen Mädchen erst im Moment der Weiterfahrt überreicht werden. Eine Begrüßung durch Sie persönlich kommt unter keinen Umständen in Frage."

Am Morgen des 1. Juni 1927 schnauft eine mit Girlanden geschmückte Dampflok samt einigen Waggons über den Damm, die neue Nabelschnur zwischen Insel und Festland. Als der Zug auf Sylt um kurz nach halb elf im östlichsten Inselort seinen ersten Halt einlegt, bereiten ihm die Morsumer einen großen Bahnhof. Menschen winken, Mädchen stehen in schmucker Tracht Spalier. Hindenburg beugt sich aus einem Fenster des Salonwagens und nimmt huldvoll den Sommerstrauß entgegen, den ihm die kleine Karin auf den Armen ihrer Mutter entgegenhält. Ein dankbares Motiv für die anwesenden Zeitungsfotografen – das Bild geht um die Welt. Von ihrem berühmten Patenonkel hat Karin Johler danach nie wieder etwas gehört.

Ein Sylter überlebte
das flammende Inferno

Der Absturz der „Hindenburg" bewegte die Welt

Ein tragisches Unglück sorgte in den 30er Jahren dieses Jahrhunderts für weltweites Aufsehen und markierte zugleich das Ende der Epoche der großen Luftschiffe: der Absturz der „Hindenburg". 35 Menschen fanden den Tod. Ein Sylter überlebte das Inferno von Lakehurst.

Im Jahr 1935 wird in Deutschland ein Luftschiff fertiggestellt, das alle seine Vorgänger überflügelt. Die „Hindenburg" ist der leuchtende Stern am Himmel der Luftschiffe. Sie ist 240 Meter lang, nur wenig kürzer als der größte Überseedampfer, und so hoch wie ein 14stöckiges Haus. Das Schiff verfügt über 35 Doppelkabinen, jede mit einem Schreibtisch und fließend warmem und kaltem Wasser ausgestattet. Die Passagiere sitzen im Salon oder genießen auf der Promenade den Blick aus den Aussichtsfenstern. Es gibt einen Speiseraum, einen Leseraum und ein feuersicheres Rauchzimmer. Man kann an der Bar sitzen, in die Bücherei gehen, den Arzt visitieren und am Sonntag den Gottesdienst besuchen. Kurzum: Es wird alles getan, um den Passagieren eine wirklich annehmliche Reise zu bieten. Nur mit der Sicherheit steht es nicht zum besten. Denn statt mit Helium ist der Zeppelin mit feuergefährlichem, explosivem Wasserstoff gefüllt.

Im März 1936 unternimmt die „Hindenburg" ihren Jungfernflug. In den nächsten Monaten fliegt sie mehrmals über den Ozean bis nach Rio de Janeiro und New York. Am 4. Mai 1937 hebt das Luftschiff in Frankfurt am Main mit 36 Passagieren und 61 Besatzungsmitgliedern an Bord zu einer weiteren Reise über den großen Teich ab. Zwei Tage später, am 6. Mai um kurz nach 19 Uhr, steuert die „Hindenburg" die Landebahn von Lakehurst an. Die Passagiere stehen an den Promenadenfenstern, einige von ihnen beobachten, wie die Ankerseile vom Bug heruntergelassen werden, andere winken den unten Wartenden zu. Es ist 19.23 Uhr, als es einen ohrenbetäubenden Knall gibt, dem weitere Detonationen wie Salven eines Maschinengewehrs folgen. Wasserstoff hat sich entzündet, in Sekundenschnelle explodiert eine Gaszelle nach der anderen. Flammen fressen sich durch das ganze Schiff. Der mächtige Zeppelin taumelt, aus zwanzig Metern Höhe schlägt die „Hindenburg" mit dem Heck auf den Boden und fällt in sich zusammen. Von dem stolzen Luftschiff bleibt nur noch ein Haufen glimmender Schutt.

Von den 97 Menschen an Bord haben 35 die Katastrophe nicht überlebt. Die ganze Welt blickt nach Lakehurst, und auch die Sylter zeigen allergrößtes Interesse: Schließlich geht es um einen der ihrigen. „Auf dem verunglückten Luftschiff „Hindenburg" befand sich auch der Navigationsoffizier Nielsen aus Westerland", vermeldet die „Sylter Zeitung". Am 8. Mai druckt das Blatt die Namensliste der „Toten, Verletzten und Unversehrten" ab. Nielsen hat das Unglück schadlos überstanden.

Ein Leuchtturm trägt Trauer

Über das Wahrzeichen von Kampen

Fixpunkt für vorbeifahrende Schiffe und Wahrzeichen des Ortes - der Kampener Leuchtturm erfüllt funktionelle wie auch repräsentative Pflichten. Der älteste Leuchtturm der Insel wurde 1855 erbaut; seit dem Jahr 1978 wird die Anlage, die das Licht 40 Kilometer weit übers Meer schickt, nicht mehr von einem Leuchtturmwärter bedient, sondern vom Festland aus elektronisch ferngesteuert. Über den markanten Wegweiser gibt es zwei kuriose Geschichten zu erzählen: Ehe 1929 die Elektrizität Einzug hielt, wurde die Leuchtanlage mit Öl befeuert. Dazu benötigte man im Jahr etwa 35 Meter Lampendocht, der aus Frankreich geliefert wurde. Als Deutschland und Frankreich nun aber 1870 und 1871 gegeneinander Krieg führten, blieben die Lieferungen aus. Die Folge: Zwei Jahre lang stand der Turm im Dunkeln.

Tragischer ist die andere Begebenheit. Bis zum Jahr 1954 zeigte sich der Kampener Leuchtturm in unscheinbarem Grau. Dann erst bekam er seine neuen Farben, wie wir sie heute kennen: weiß mit einem schwarzen Ring in der Mitte. Die damaligen Arbeiten wurden indes von einem schweren Unfall überschattet - ein Maler war vom Gerüst gestürzt und hatte sich das Genick gebrochen. Deshalb sagten die Sylter Handwerker über den neuen Anstrich: „Der Turm trägt nun ein Leichenhemd mit Trauerflor."

**Der Kampener Leuchtturm trägt Trauer – sagten die Sylter in Anspielung auf den schwarzen Ring,
nachdem ein Handwerker vom Turm zu Tode stürzte.**

Der Grütztopf zeigt Flagge

Kleine friesische Wappenkunde

Der Kreis Nordfriesland ist noch recht jung. Seine Grenzen wurden erst 1970 gezogen, als die alten Landkreise Südtondern, Husum und Eiderstedt eine neue Einheit bildeten. Zwei Jahre später wurde das dazugehörige Wappen entworfen, das drei goldene Schiffe in einem blauen Feld zeigt. Es gibt aber auch noch ein friesisches Volkswappen, das bereits Mitte des 19. Jahrhunderts gestaltet wurde. Zwar kommentierte ein Heraldiker verächtlich: „Dieses Wappen ist von Laien zusammengestellt worden und also heraldisch wertlos." Doch die Sylter geben, wie man an ihren Fahnenmasten unschwer ablesen kann, dem Volkswappen unbeirrt den Vorzug. Es zeigt – in den traditionellen friesischen Farben Gold, Rot und Blau – drei Felder mit einer Krone, einem halben Adler und einem Grütztopf. Darunter flattert ein Spruchband mit dem Aufdruck „Leewer duad üs slaaw" (Lieber tot als Sklave), bezeichnend für die ausgeprägte Freiheitsliebe der Friesen. Zugleich zollt dieses Wappen auch der Tapferkeit der Sylter Frauen Dank. Denn wie der Grütztopf ins Wappen kam, davon erzählt eine bekannte Sage:

Auf der Braderuper Heide war es zu einem großen Kampf zwischen den Sylter Männern und den arglistigen Zwergen gekommen, die auf Sylt früher allerorten in Höhlen und Gebüschen hausten. Der Kampf wogte hin und her, als es plötzlich so schien, daß die Recken gegen die Wichte ins Hintertreffen gerieten. Schon wollten die Männer feige die Flucht ergreifen, da nahten zum Glück ihre Frauen und Töchter, die ihnen zur Stärkung Töpfe mit heißem Grützbrei bringen wollten. Als die Sylterinnen aber die Schande sahen, schleuderten sie die Grütztöpfe erbost gegen die Zwerge, so daß diese daran erstickten oder blind wurden. Eine solche Unerschrockenheit beschämte die Sylter Krieger, und sie stürmten zurück aufs Schlachtfeld, wo sie den Wichten eine empfindliche Niederlage bereiteten.

Kein Blick über
den Tellerrand

Zum Reisen fehlte einfach die Zeit

In früheren Zeiten waren die Sylter Frauen durch viele Aufgaben sehr an die heimische Scholle gebunden. Sie mußten Haus und Hof hüten oder auf dem Felde ackern und hatten daher kaum Zeit und Gelegenheit, eine Reise zu unternehmen. Ja, selbst der Besuch im Nachbardorf hatte Seltenheitswert. Eine 95jährige Westerländerin wußte im Jahr 1947 von einer Bekannten ihrer Mutter zu erzählen. Diese hatte zu Beginn des Jahrhunderts eine Schiffahrt von Munkmarsch zum gut 20 Kilometer entfernten Hoyer unternommen. Dort angekommen, staunte sie: „Man soll's nicht glauben, wie groß die Welt doch ist."

In Wenningstedt lebte eine Frau mit Namen Sarah Nielsen, die 1877 geboren wurde. Als Greisin über ihre Ausflüge befragt, gab sie zur Antwort: „Im Alter von zehn Jahren habe ich mit meinem Vater und zwei Brüdern eine Fahrt zum Festland unternommen, um Verwandte in der Nähe von Niebüll zu besuchen. Diese Reise ist die einzige meines Lebens geblieben; ich habe die Insel nie wieder verlassen." Sarah Nielsen ist in ihrem Leben niemals mit der Eisenbahn gefahren; auch nicht mit der Sylter Inselbahn, obwohl deren Schienen keine 300 Meter weit entfernt an ihrem Wohnhaus vorbeiführten.

In Morsum war Christine Johannsen zuhause; sie war 1868 in Keitum geboren worden. Die Frau kam nur ein einziges Mal nach List, ein mal nach Hörnum und ebenso ein mal nach Rantum, als sie dorthin Schafe zum Grasen führte. Das Festland aber hat sie zeit ihres langen Lebens niemals gesehen.

Quellenverzeichnis

„Beschreibung der Insel Silt", Jens Booysen, 1828, Schleswig

„Chronik betreffend der Insel Sylt", Henning Rinken, 1843, Berlin

„Das alte Sylt", Peter Carstensen, 1997, Hamburg

„Das Atlantis-Rätsel", Charles Berlitz, 1976, Wien

„Das Huhn mit dem Gipsbein", Rolf Wilhelm Brednich, 1996, München

„Das Kochbuch von Sylt, Amrum, Föhr", Hannelore Doll-Hegedo, 1981, Münster

„Das Meer vernichtet und segnet", Wilhelm Jessen, 1967, Westerland

„Das Sylt-Lesebuch", Karl-H. Walloch, 1995, Hamburg

„Der Badeort Westerland auf Sylt und dessen Bewohner", C. P. Hansen, 1868, Garding

„Der Friese Jan", Nann Peter Mungard, 1989 (Neuauflage), Leck

„Der Sylter Weg ins Dritte Reich", Harald Voigt, 1977, Münsterdorf

„Die Festung Sylt", Harald Voigt, 1992, Bredstedt

„Die Insel", Michael Jürgs und Tassilo Trost, 1978, Hamburg

„Die nordfriesischen Inseln", Henry Koehn, 1961, Hamburg

„Die Strandburg – ein versandetes Freizeitvergnügen", Harald Kimpel und Johanna Werckmeister, 1995, Marburg

„Die Sylter Küche", Kristiane Müller Urban, 1996, Hamburg

„Geschlechter kommen und gehen", Richard Stöpel, 1927, Westerland

„Guinness-Buch der Rekorde", 1997, Hamburg

„Haustüren auf Sylt", Christoph Freier, 1981, Westerland

„Kurort Sylt in der Eigentümlichkeit seiner Wirkung nebst praktischen Reisewinken für Kurgäste", C. Kunkel, 1889, Hamburg

„Luftfahrt zwischen Nord- und Ostsee", Gerhard Fölz, 1975, Neumünster

„Luftschiffe", Douglas Botting,1976, Reinbek

„Mein Sylt, ein Tagebuch", Hans Bethge, 1900, Berlin

„Nationalpark Wattenmeer", Wolfgang Erz, Heide, 1972

„Ökelnamen von Sylt", Gerd Dannenberg, 1994, Westerland

„Sagenhaftes Sylt", Frank Deppe und Volker Frenzel, 1996, Hamburg

„Schleswig-Holstein meerumschlungen", Graf Adelbert Baudussin, 1864, Kiel

„Söl'ring Spreekuurter en wat Söl'ring snak", Gondel Wielandt und Hermann Schmidt, 1966, Westerland

„S.O.S. im Nordmeer", Peter-Matthias Gaede, 1997, Hamburg

„Stilleben auf Sylt", Julius Rodenberg, 1876, Berlin

„Sylt – Abenteuer einer Insel", Sven Simon, 1980, Hamburg

„Sylt-Buch", Knut Ahlborn und Ferdinand Goebel, 1933, Kampen

„Sylter Sagen nach C. P. Hansen", Wilhelm Jessen, 1925, Westerland

„Sylter Schmökerlexikon", Manfred Wedemeyer, 1991, Essen

„Sylt erzählt", Georg Quedens, 1975, Münsterdorf

„Sylt, Helgoland, Amrum, Föhr mit den Halligen, Pellworm und Nordstrand", Albert am Zehnhoff, 1979, Köln

„Sylt im Wandel", Frank Deppe und Volker Frenzel, 1994, Hamburg

„Sylt – Memoiren einer Insel", Peter Schmidt-Eppendorf, 1977, Husum

„Sylt – Natur, Erholung, Forschung, Lehre, Umweltbelastung, Inselplanung und Bürgerinitiative", Prof. Dr. Herbert Bruns, Wiesbaden, 1976

„Sylt wie es früher war", Georg Quedens und Hans-Jürgen Stöver, 1978, Hamburg

„Von der Inselbahn und den Bäderschiffen Sylts", Hans-Jürgen Stöver, 1979, Schleswig

„Westerland auf Sylt – das Bad im Wandel der Zeiten", Hans-Jürgen Stöver, 1980, Husum

Ferner folgende Zeitungen und Broschüren:

„Bergedorfer Zeitung", 1992

Broschüre „Das Altfriesische Haus", Söl'ring Foriining

Broschüre „Der Kreis Nordfriesland", 1990

Broschüre „Der Sylter Segen von oben", Evangelische Kirchengemeinde Rantum-Hörnum

Broschüre „Entwurf für die Trockenlegung, Aufschließung und landwirtschaftliche
Nutzbarmachung des Rantum-Beckens"

Broschüre „Museen in Keitum", Söl'ring Foriining, 1995

Broschüre „Naturschutzgebiete auf Sylt", 1994

Broschüre „Sylt – die Saison 1913", Städtische Badeverwaltung Westerland

Broschüre „Wappen und Wappenmarken in Nordfriesland", 1956

Broschüre „Wattwandern auf Sylt", 1995

Chronik „Die Geschichte des Witthüs"

Chroniken der Sylter Ringreitervereine

„Die WELT", 1996

Festschrift „70 Jahre Naturschutz auf Sylt"

Festschrift „75 Jahre TSV Morsum"

Festschrift „125 Jahre Nordseeheilbad Wenningstedt-Braderup"

„Kurzeitung Sylt", diverse Ausgaben ab 1909

„Quo vadimus", 1970 und 1971

„Sylt Aktuell", diverse Ausgaben ab 1991

„Sylter Bäderführer", 1904

„Sylter Nachrichten", diverse Ausgaben ab 1930

„Sylter Rundschau", diverse Ausgaben ab 1949

„Sylter Urlaubstips", diverse Ausgaben ab 1996

„Sylter Zeitung", diverse Ausgaben ab 1933

„Sylt Magazin", diverse Ausgaben ab 1990

Zeitschrift „Leben und Umwelt", 1977 und 1995

Unser besonderer Dank gilt **Barbara Hegenberger** und **Werner Haselbach** vom Sylter Archiv
für ihre engagierte Unterstützung.

Außerdem möchten die Autoren folgenden Syltern für Informationen danken:

Dr. Claus Andersen, Alfred Bartling, Friedhelm Bechmann, Wilfried Böschen, Professor Dr. Herbert
Bruns, Niels Diedrichsen, Clara Enss, Sigrun Fachner, Dieter Gauss, Erik Ipsen, Karin Lauritzen,
Werner Mangelsen, Werner Mansen, Boy Thiessen, Anita Ohrtmann, Karl-Peter Pfnür, Antje Preziosi,
Christian Schmahl, Peter Schnittgard, Gerd P. Werner.

Bildnachweis:

Sylter Archiv: Seiten	10, 19, 20, 22, 25, 29, 30/31, 35, 40, 43, 49, 57, 82, 85, 88/89, 96/97, 99, 102/103,
Kurzeitung Sylt:	S. 64, 73
Sylt-Bild Stöver:	S. 86, 107
Ute Nohr:	S. 52
Nick Bock:	S. 53 o.
Bernd Ahrens:	S. 53 u.
Wilfried Böschen:	Titelfoto (u.S. 105)
Privat:	S. 119

Unser Verlagsprogramm